Sonja Kochius
MERYL STREEP –
Die kühle Dame mit versteckter Power

W0048126

Die Journalistin *Sonja Kochius* hat sich ganz dem Thema
»Frauen« verschrieben. Aufgewachsen in Hamburg, arbeitete sie zuerst als Redakteurin für BILD und PETRA. Seit
1987 lebt sie in den USA und berichtete dreieinhalb Jahre
exklusiv für COSMOPOLITAN aus New York. Heute wohnt
sie in Santa Monica, Kalifornien, und arbeitet als freie Autorin für MAX, VOGUE, FOCUS und andere Zeitschriften.

Von Sonja Kochius ist außerdem bei BASTEI-LÜBBE liefer-
bar:

61303 Hillary Clinton

Sonja Kochius

Meryl Streep

Die kühle Dame
mit
versteckter Power

BASTEI-LÜBBE-TASCHENBUCH
Band 61 325

Erstveröffentlichung
© 1994 by Sonja Kochius
© für die deutsche Ausgabe 1995
by Gustav Lübbe Verlag GmbH, Bergisch Gladbach
Printed in Germany, April 1995
Einbandgestaltung: K:K:K:
Bildnachweis: S. 9 dpa, S. 173 Trapper/Sygma, alle übrigen
(auch das Titelfoto) Cinema/Engelmeier
Satz: Kremerdruck GmbH, Lindlar
Druck und Bindung: Elsnerdruck, Berlin
ISBN 3-404-61325-2

Inhalt

Ein häßliches Entlein erwacht

Metamorphose

Die Weichen sind gestellt

Die ersten Schritte

Mit sieben sah sie aus wie eine 40jährige, war herrisch und altklug, und alles mußte nach ihrer Pfeife tanzen. Immer zu groß für ihr Alter, spielte Meryl Streep ›Mutter Vernünftig‹ und kommandierte die Kinder aus der Nachbarschaft herum. Das pummelige Mädchen mit den abstehenden Ohren – das linke war auch noch größer als das rechte –, den dicken Brillengläsern, Zahnspange und der krummen Nase, die ihr heute das gewisse Etwas verleiht, in dem Kindergesicht aber fehl am Platz wirkte, war alles andere als beliebt. Ihr Haar war feldmausgrau, und der typische Pottschnitt von Mutter Mary Louise gab der Frisur den traurigen Rest. Mit ihrer spitzen Zunge und der unstillbaren Neugier ging das häßliche Kind obendrein noch jedem auf die Nerven. »Meryl war ein Ekel«, sagt ihr Bruder Harry III., »wie Lucy aus dem Peanuts-Cartoon.« Niemand wollte etwas mit ihr zu tun haben.
Die Streeps waren eine ganz normale Familie. Vater Harry II. arbeitete bei der Pharmafirma Merck als Abteilungsleiter, und die Mutter zeichnete zu Hause als freiberuflich tätige Werbegrafikerin. Die Eltern waren rechtschaffene, fleißige Leute und arbeiteten sich nach und nach hoch. Von Summit in New Jersey zog man nach Basking Ridge und von dort nach Bernardsville, eine der vornehmeren

Gegenden. Die Familie lebte den typischen amerikanischen Traum, und Meryls Kindheit war sehr behütet. Mama gluckte über ihren Küken, und hätte ihr damals jemand gesagt, daß aus dem häßlichen Entlein Meryl einst ein schöner Schwan werden würde, der mit seinem Talent Hollywood und die Welt bezaubern würde, sie hätte nur höflich gelächelt. Denn sie wußte es besser: Ihre Tochter würde den Schulabschluß machen, vielleicht auf das College gehen, aber ganz bestimmt heiraten und Kinder kriegen – genauso wie sie. Natürlich wollte sie nur das Beste, aber man muß ja auf dem Teppich bleiben. Wenn nur alle gesund waren, das war die Hauptsache. Sie machte sich keine Sorgen um Meryl, die würde ihr Leben schon meistern. Ihre Hartnäckigkeit und das Durchsetzungsvermögen wiesen darauf hin, daß sie sich nicht die Butter vom Brot nehmen lassen würde. »Ich hatte eine große Klappe und ein noch größeres Selbstbewußtsein«, meint Meryl auf ihre Kindheit zurückblickend.

Das Leben in Bernardsville war nicht weniger oder mehr aufregend als das in anderen Vororten auch, wo man es zu etwas gebracht hatte. Man war nicht reich, aber man hatte sein Auskommen. Samstags ging man ins Kino, sonntags in die Kirche, und mittwochs wurde gewaschen. Vater Streep hatte den Garten zu einem Privatspielplatz umfunktioniert, und die Kinder tobten in alten Autoreifen und ausgedienten Autositzen rum, sprangen Trampolin und spielten Basketball neben der Garage. Die Videokamera fehlte natürlich auch nicht, und so konnte das kleine Glück der Familie Streep für immer auf Zelluloid gebannt werden.

Natürlich bestimmte Meryl auch hier das Geschehen. »Sie sagte uns, was wir anziehen sollten. Wir mußten uns immer verkleiden. Unseren kleinen Bruder Dana wickelte sie in alte Gardinen, und mir malte sie die Wangen rot mit Mamas Lippenstift. Oh, wie hab' ich sie gehaßt«, sagt

Harry, den sie nur ›der Dritte‹ nannte. Dann mußten sie im Wohnzimmer umhertanzen. Meryl natürlich immer vorneweg, und die Mutter klatschte dazu im Takt, während der Vater den Film drehte.

Aber in jedem Menschen ist etwas Schönes verborgen. Und das Wunderbare an Meryl war, daß ihr alles gelang, was sie anpackte. Sie schien unter einem Glücksstern geboren zu sein. Das fiel selbst der Mutter auf. Und als das zwölfjährige Kind Weihnachten so hell und klar ›Stille Nacht, heilige Nacht‹ sang – sogar auf französisch – beschloß sie, diesen Sopran zu fördern. Sie fand das Talent zu wertvoll, um es brachliegen zu lassen. Sie wälzte das Telefonbuch und telefonierte überall herum, um die beste Lehrerin, die erschwinglich war, zu finden. Ihre Wahl fiel auf Estelle Liebling, eine alte, exzentrische Dame, die in Manhattan Hof hielt und so großartige Stimmen wie Beverly Sills ausbildete.

»Madame Liebling imponierte mir ungeheuer. Sie flatterte immer in langen, wallenden Gewändern durch ihr Appartement, trug wehende Schals und hatte knallrot geschminkte Lippen – ein Unikum. Ihren uralten Steinwayflügel nannte sie zärtlich ›Tochter‹. Das fand ich zu komisch. Aber ich mochte sie«, meint Meryl. Estelle hatte ihr Operndebüt 1903 an der Metropolitan Opera in New York gegeben, in demselben Jahr wie Enrico Caruso. »Der hatte keine Stimme, Honey, der hatte eine Trompete«, pflegte sie zu sagen.

Woche für Woche, Jahr für Jahr fuhren Meryl und ihre Mutter mit dem Zug nach Manhattan. Aber eines Tages, das Kind war gerade 16 Jahre alt geworden, änderte sich ihre Einstellung zur Musik, und sie interessierte sich mehr für Jungens als für Koloraturen. Kurzum, sie hatte keine Lust mehr. Meryl ließ die Stunden einfach ausklingen und konzentrierte sich nur noch darauf, eine gute Cheerleaderin zu werden. Später allerdings bedauerte sie, daß niemand sie gezwungen hatte, weiter zum Gesangsunterricht zu gehen. »Ich war ganz einfach benachteiligt, denn klassische Musik war mir nicht in die Wiege gelegt worden. Bei uns zu Hause wurde nicht ständig Mozart geflötet.«

Die Zeit der Wende für das häßliche Entlein war gekommen. Eines Morgens war Meryl aufgewacht, hatte ihre Brillengläser in die Ecke geworfen und sich Kontaktlinsen auf die Augen gesetzt. »Ich hatte alle gängigen Modezeitschriften gelesen und wollte unbedingt so aussehen, wie man auszusehen hatte.« Sie kaufte sich Blondierungsmittel und spülte mit Zitronensaft nach. Und auch Mamas Heimdauerwelle waren ›out‹. Sie trug ihr Haar jetzt glatt mit einer kleinen Außenrolle, schminkte sich auffallend mit blauem Lidschatten und fühlte sich großartig. »Ich hatte es satt, wie eine Vogelscheuche rumzulaufen. Endlich sah ich so aus wie alle anderen auch. Ich trug die richtigen Schuhe und war ein echter ›Knockout‹.«

Meryl war gelungen, was sie sich in den Kopf gesetzt hatte – sie hatte sich selbst kreiert. Und das perfekt. »Ich fand plötzlich, daß ich sehr niedlich aussah, ich hatte die gepflegtesten Nägel, und ich war stolz auf meine Frisur. Wer mich damals gefragt hätte, was Feminismus ist, dem hätte ich erzählt, daß es etwas mit hübschen Fingernägeln und gepflegtem Haar zu tun hat.« Die Belohnung ließ nicht auf sich warten: Sie wurde ›Homecoming Queen‹ des schuleigenen Footballteams. »Ich dachte, jetzt ist die Welt in Ordnung. Nun, wo ich hübsch bin und all das tue, was die anderen auch machen, muß mich jeder lieben.« Sie sollte sich täuschen, das Wunder hatte eine Kehrseite. Man sah zwar nicht mehr weg und wartete, bis sie weitergegangen war, aber man ignorierte sie trotzdem. Die Mädchen taten so, als ob sie Luft wäre, um dann hinter ihrem Rücken über sie herzuziehen. Jetzt waren sie eifersüchtig. »Ich hatte nur zwei Freundinnen, und von denen war eine noch meine Cousine.«

Aber sie konnte sich trotzdem nicht beklagen, denn ihr flogen die Herzen der Jungens zu. Sie waren wie verrückt hinter dem blonden Teenager mit der athletischen Figur her. Einer von ihnen, John Michael Booth, erinnert sich: »Meryl war gerade 15 Jahre oder so, aber sie hatte etwas Besonderes an sich. Ihr Haar war blond und seidenweich und fiel ihr bis auf die Schultern, und ihre Augen waren so hell und strahlten. Und sie hatte das entwaffnendste Lächeln der Welt, es war warm und herzlich, aber gleichzeitig auch zurückhaltend und scheu. Sie wirkte immer etwas verlegen, beinahe unbeholfen. So, als ob ihr Kleid einen Fleck hätte oder die Schuhe nicht zum Rock paßten oder als ob sie ganz einfach häßlich wäre. Wir gingen fast ein Jahr miteinander aus. Im Sommer spielten wir jeden Samstag bei meiner Tante im Garten Baseball, machten Picknick und schwammen im nahen See. Abends gingen wir ins Kino oder tanzten verliebt nach den Songs dieser neuen Gruppe, den Beatles. Mittags trafen wir uns zum Lunch auf dem Schulhof, sie hatte immer Erdnußbutter-Sandwichs mit Marmelade drauf und Zitronenbrause in der Tasche. Manchmal brachte sie Schokoladenkuchen von zu Hause mit, den sie ›alter Käse‹ nannte. Sie hatte auch so eine Angewohnheit, vor sich hinzusingen. Und wenn ich sie darauf ansprach, weil es mir gefiel, wurde sie verlegen und sagte, daß sie ihre Stimme nicht gut fände, viel zu schrill und unbeholfen. Wir waren so unbeschwert und glücklich miteinander – soooo jung. Später trennten wir uns, weil ein Freund und ich uns die Welt ansehen wollten, bevor wir wahrscheinlich nach Vietnam eingezogen werden würden. Ich weiß noch, wie sie dastand, als wir wegfuhren. Ziemlich kühl und reserviert, fand ich, sie winkte kurz und drehte sich dann um. Aber ich denke heute noch gern an die wunderbare Zeit mit Meryl zurück. Es war einfach schön.«

Meryl war nicht lange allein. Ihr Telefon klingelte am laufenden Band. Und als kein geringerer als Bruce Thomson, der lokale Footballheld aus dem Schulteam, ihr den Hof machte, hatte sie John Michael Booth vergessen. Bruce war bis über beide Ohren in Meryl verliebt. Und das sollte was heißen, denn ihn schmachteten alle Mädchen an, er hätte jede haben können. Doch Bruce wollte nur die eine. Sie wurden ein Paar. Von nun an war sie immer dabei, wenn er trainierte, und feuerte ihn an, hüpfte in ihrem Cheerleader-Kostümchen auf und ab und warf ihm Kußhände zu. Sie gingen Arm in Arm spazieren, ließen sich in der örtlichen Eis-Diele von den anderen bewundern und beneiden und besuchten sich gegenseitig zu Hause, um Schallplatten anzuhören. Bruce war glücklich und sah sich schon mit ihr vor dem Traualtar. Doch für Meryl war er nur ein netter Zeitvertreib. Sie genoß den Glanz, den ihr die Freundschaft mit ihm verlieh. Aber nicht für lange, bald wurde es ihr langweilig, und sie wanderte zum nächsten. Vier Jahre lang war sie Cheerleader und brach viele, viele Herzen. In dem Jahrbuch des Footballteams steht: »Meryl ist hübsch und blond, eine temperamentvolle Cheerleaderin und immer da, wo die Jungs sind.«

Sie hatte es geschafft, jede wollte so sein wie sie. Meryl war ›in‹, Mittelpunkt und tonangebend – immer da, wo etwas geschah. »Ich las vielleicht sieben Bücher in all den Jahren, dafür kannte ich die neuesten Modetrends, alles, was man wissen mußte. Nur von Mathe und Chemie hatte ich keinen blassen Schimmer.« Sie besaß aber noch ein anderes Talent, Meryl konnte Leute gut nachmachen und konnte ausgezeichnet improvisieren. Ihr blendendes Mundwerk verhalf ihr zu guten Noten in Französisch, obwohl sie von der Grammatik keine Ahnung hatte. Wer wollte schon pauken, wenn draußen soviel los war? Das Leben war so aufregend, und man durfte nichts versäumen. Man mußte doch wissen, wer gerade mit wem ging, und man mußte sich überlegen, wie man sich gegenseitig ausstechen könnte – kurz, man war jung. »Meine Gedanken kreisten nur um Jungs und Klamotten. Sonntags legte ich mir immer die Sachen für die ganze Woche zurecht, damit ich ja nicht aus Versehen zweimal im gleichen Outfit in der Schule erschien. Das klingt ziemlich krank, aber so war ich nun mal.«

An den Wochenenden fuhr sie mit Freundinnen, die auch alle perfekte Frisuren mit kleiner Außenrolle hatten, in die Stadt zum Einkaufsbummel. Sie kicherten über die Jungs, gingen in den Hamburger-Laden, wo die ›besten‹ Typen rumhingen, ließen sich zu Parties einladen und trudelten als Haufen schnatternder Gänse zum Zapfenstreich – um Mitternacht – wieder brav zu Hause ein. Das, was im Land passierte – Demonstrationen gegen den Vietnamkrieg, Black Panthers und Civil-Rights-Movements –, ging an den Kids von Bernardsville mehr oder weniger unbemerkt vorbei. Sie hatten nur eins im Kopf: Tanz, Sport, Filme, Frisuren und Flirts.

Bei Familie Streep hatte sich eine Geburtstagstradition eingebürgert, die besagte, daß das Geburtstagskind sich einen Tag lang wünschen durfte, was es wollte. Entweder im Bett bleiben und Fernsehen, sich den Bauch mit Hot dogs oder Popcorn vollschlagen oder – in Meryls Fall – ins Theater gehen. Sie wollte immer ein Musical sehen, ihr Lieblingsstück war THE MUSIC MAN. Als das Stück an ihrer Highschool aufgeführt werden sollte, bewarb sie sich um die Hauptrolle und bekam sie. Sie spielte Marian, die Bibliothekarin, so gut, daß das elterliche Publikum am Ende von den Stühlen aufstand und lange Beifall klatschte.

14

Ein erster Vorgeschmack, den sie nie wieder vergessen sollte. Sie war ein Naturtalent. Ihr Drama-Lehrer, Dick Everhard, erinnert sich an ihre Rolle als Laurie im Musical OKLAHOMA: »Wenn Meryl die Bühne betrat, verblaßten alle anderen. Sie war ungewöhnlich talentiert.« Das sorgte natürlich wieder für Neid und Mißgunst unter ihren Mitschülerinnen, immer bekam sie die Hauptrollen. Doch Meryl war das egal, wenn sie nur spielen konnte – zum Teufel mit den anderen.

Und dann war die Schulzeit zu Ende, und die große Leere überkam Meryl. Was sollte sie nun machen? Ehe und Kinderkriegen, das war nicht ihr Wunsch. Noch nicht. Sie hatte ein unbestimmtes Gefühl, das in ihr rumorte, sie nicht schlafen ließ. Es mußte noch etwas anderes geben. Das Leben konnte nicht jetzt und hier stehenbleiben. Sie wollte auf das College. Auf eines der besten natürlich, denn nur das Beste war gut genug für Fräulein Streep. Ihre Wahl fiel auf Vassar, eine der Eliteuniversitäten in New York. Hier hatten schon Jacqueline Kennedy Onassis studiert und Jane Fonda.

Metamorphose

Kaum atmete die entthronte ›Homecoming Queen‹ die Luft der gelehrten Stätte von Vassar, schon schlüpfte sie in eine neue Rolle. Beinahe von einem Tag auf den anderen stieß sie ihr properes Äußeres ab wie eine Haut, die zu klein geworden war. Sie verwandelte sich in ein Hippiemädchen, das allerdings keine Blumen und Hasch im Kopf hatte, sondern sich an Büchern und Gesprächen berauschte. Zu ihrem neuen Outfit gehörten ein alter Filzhut, den sie tief über die Ohren zog, Schlabberjeans und T-Shirts. Vassar war so ganz anders als ihre Highschool.

Alle waren gegen irgend etwas, und keiner war konform. Es wimmelte von Außenseitern, und es zählte nur, was man im Kopf hatte, und nicht, wie man ihn trug. Das gefiel Meryl. Endlich war sie frei von diesem Wettbewerbszwang. Es gab auch keine Jungs, um die man sich bemühen mußte, Vassar war ein reines Mädchen-College. Sie fühlte sich wunderbar in dieser neuen Atmosphäre und blühte auf, fand Gefallen am Lesen und fing an nachzudenken. Und zum ersten Mal in ihrem Leben hatte sie Freundinnen, denen sie tatsächlich vertraute.

Im zweiten Jahr war sie so sehr in ihre Studien vertieft, daß sie sogar ihre persönliche Hygiene vernachlässigte – aber man schrieb ja auch das Jahr 1969. »Ich fühlte mich großartig. Ich war jemand mit Köpfchen und war stolz auf mich.« Ihre größte Leidenschaft gehörte dem Theater. Sie war irrsinnig gut, fanden ihre Lehrer. Meryl spielte mit einer übernatürlichen Sinnlichkeit – schockierend für so ein junges Mädchen. Drama Club Direktor Clinton Atkinson: »In diesem Mädel steckte ein Vulkan. Sie brachte die Leute zum Weinen und zum Lachen.« Meryl fühlte dabei warme Schauer durch ihren Körper fahren und war überglücklich. Sie las Sartre und Brontë, war gefangen von der Literatur und hatte keine Zeit mehr zum Entspannen. Nur ab und an stieg sie freitags mit ihren Kommilitoninnen in den Bus, der sie nach Yale in New Haven brachte, Vassars Bruderschule. Dort wurde getanzt und geschmust. Aber es war nicht mehr das Wichtigste in ihrem Leben. Sie hatte Feuer gefangen, war bildungshungrig geworden. Vergnügungen hatten keine Priorität mehr.

Im letzten Studienjahr ging Meryl für ein paar Monate an das Dartmouth College in Hanover, New Hampshire, um Drehbuchschreiben und Kostüm- und Bühnendesign zu studieren. Das College hatte gerade erst seine Türen für Mädchen geöffnet, und das Verhältnis betrug 60 zu 6.000.

Es war die einsamste Zeit ihres Lebens. »Die Jungs wußten nicht, wie sie mit uns Mädchen umgehen sollten. Wir waren entweder Sex-Objekte für sie oder überhaupt nicht vorhanden. Ein unerträglicher Zustand.« Noch merkwürdiger erschien ihr, daß es in Dartmouth so einfach war, gute Noten zu bekommen. »In Vassar feierten wir, wenn jemand ein A [eine Eins] bekam, und hier regnete es As. Aber nicht, weil die Jungs intelligenter waren. Wenn in Vassar ein Lehrer eine Frage stellte, überlegten wir uns erst die richtige Antwort und hoben dann die Hand oder nicht. Hier rissen sich die Jungs fast den Arm aus, um dann irgendeinen Scheiß zu sagen, nur um dranzukommen. Und das reichte schon.«

In den darauffolgenden Winterferien schloß sie sich einer Theatergruppe in Woodstock, Vermont, an, ›The Green Mountain Guild‹. Sie tingelten durch die Skigebiete und spielten Tschechov und Shaw in Schulen und Hallen, oft bei Kerzenschein, weil Stürme die Elektrizität lahmgelegt hatten. Aber dies war eine neue Erfahrung für Meryl, und sie war fasziniert von diesem Leben. Ihre Eltern saßen oft im Publikum und waren stolz auf ihre Tochter, besonders Mutter Mary Louise, die ihre Erwartungen an Meryl mittlerweile höher geschraubt hatte. Mit diesem Talent stand ihr die Welt offen. »Ich verdiente 48 Dollar die Woche, nicht viel, aber wir lebten in einem wunderschönen alten Haus, das uns eine Frau zur Verfügung gestellt hatte. Was kümmerte uns Geld, wir waren Schauspieler und vogelfrei.«

Als das letzte Quartal in Vassar angebrochen war, nahm Atkinson Meryl mit nach New York, wo sie in Tirso de Molinas THE PLAYBOY OF SEVILLE auftrat. Im Juni darauf graduierte sie mit ausgezeichneten Noten in Drama. »Ich hatte mich endlich selbst gefunden und wußte, was ich wollte. Ich hatte die besten Werkzeuge mitbekommen, die mir helfen würden, meine Zukunft zu meistern, dachte ich.«

Im Mai 1983 besuchte Meryl, inzwischen erfolgreiche Schauspielerin und weltberühmt, ihre alte Lernstätte, um bei einer Abschlußfeier eine Ansprache zu halten. Sie war schon oft eingeladen worden, aber immer hatte sie abgesagt. Doch diesmal war sie gekommen. Unter ihrer Robe zeichnete sich ein dicker Bauch ab – sie war zum zweiten Mal schwanger. Ein bißchen verloren und unsicher stand sie da, während sie zu den jungen Mädchen sprach, die jetzt in die Welt entlassen wurden, wie zwölf Jahre zuvor sie:

»Das wichtigste an der Highschoolzeit ist nicht das Lernen, sondern das Flirten mit den Jungs«, sagte sie. » Aber es gibt auch Leute, die dieses Spiel nicht mitmachen, die gegen den Strom schwimmen und total cool sind. Als ich nach Vassar kam, merkte ich, daß es eine Art Sammelstelle für Außenseiter war, nur, hier waren sie nicht in der Minderheit, hier wimmelte es von klugen, eigenständigen Köpfen. Natürlich gab es auch diese Hotshots, wie ich es war, aber die – wie ich auch – legten ihre Einstellung sehr schnell ab. Und das sollte nicht das letzte Mal sein, daß ich mich um 180 Grad drehte. Mein Leben ist geprägt von Extremen. Das fing schon früh an, noch vor meiner Collegezeit, und ist bisher so geblieben.

Als ich 1976, nachdem ich mein Examen in Yale gemacht hatte, nach New York ging, lebte ich in einem kleinen Appartement in der 69. Straße, gleich beim Central Park. Ich hatte drei Rechnungen im Monat zu begleichen: Miete, Telefon und Elektrizität. Ich hatte vier oder fünf enge Freunde und meine beiden Brüder. Ich führte Tagebuch, las drei Zeitungen am Tag und die New York Post Review of Books. Am Nachmittag, vor der Vorstellung, schlief ich, und nachts blieb ich auf bis zwei Uhr. Ich ging mit den anderen Schauspielern in Bars, wir redeten über das Theater und unsere Zukunft. Heute, nur ein paar Jahre später, habe

ich fünf verschiedene Versicherungen: eine Lebensversicherung, Autoversicherung, Krankenversicherung, Haftpflichtversicherung und eine Grundstücksversicherung. Ich habe drei Telefonanschlüsse, einen Buchhalter, zwei Agenten, einen Anwalt, eine Sekretärin und ein Kindermädchen. Ich besitze ein Appartement in New York und ein Sommerhaus in Connecticut, in dem ich auch den Winter verbringe. Und ich habe jeden Monat vier Millionen Rechnungen zu begleichen! In meiner kurzen Karriere habe ich mehr Leute getroffen als Shakespeare und Dante in ihrem ganzen Leben zusammen. Meine Verbindungen sind so weit verzweigt – das hätte ich mir nie träumen lassen.

Was ich damit sagen will, ist, daß alles so schnell geht. Und alles wird so kompliziert. Und das macht es schwer, sich daran zu erinnern, wer man ist und wie man dahin gekommen ist und was man wirklich will. Es kostet viel Kraft, sich selbst treu zu bleiben. Hinzu kommt, daß das Leben plötzlich öffentlich wird. Darum versuche ich so oft wie möglich, Auftritte wie diesen hier zu vermeiden. Das ist der Grund, warum so viele berühmte Leute sich verstecken.

Aber jetzt bin ich der Meinung, daß ich sprechen muß. Ich werde demnächst zum zweiten Mal Mutter, und mir ist alles daran gelegen, das Leben meiner Kinder lebenswert zu machen. Ich möchte, daß sie im kommenden Jahrhundert eine Welt vorfinden, in der es sich noch leben läßt. Als ich den Oscar für SOPHIE'S ENTSCHEIDUNG bekam, gab mir mein Vater den Ratschlag, die Rede kurz zu halten und nicht politisch zu werden. Ich hielt mich daran. Heute würde ich das nicht mehr tun. Ich würde die Gelegenheit nutzen, 500 Millionen Zuschauer zum Beispiel über die Gefahren der Atomindustrie aufzuklären.

Ich habe mal versucht, die wirklich guten Interviews zu zählen, solche, in denen man mehr von mir wissen wollte als Klatsch und Tratsch über mein Verhältnis zu meinem Mann und was ich am liebsten esse. Es sind hier in Amerika nicht viele gewesen. Aber als ich in Europa war, um SOPHIE'S ENTSCHEIDUNG zu promoten, habe ich in vier Wochen und 35 Interviews mehr Interessantes erfahren und Wichtiges sagen können als hier in all den Jahren zuvor. Dort drüben fragte man, wie ich Familie und Beruf unter einen Hut bringe und wie mein Mann mit meinem Erfolg fertig wird, nach welchen Kriterien ich meine Drehbücher aussuche; man wollte meine Meinung zu aktuellen politischen Ereignissen hören. Und zwar nicht, um mich dann anzuklagen und in Stücke zu reißen, wie es die einheimische Presse hier mit Jane Fonda machte. Nein, man wollte erfahren, was ich als mündiger Bürger denke. Ich kann euch sagen: Es war schön, als denkender Mensch ernstgenommen zu werden.«

Als sie ihre Rede geschlossen hatte, ging sie zu ihrem Vater, der mit Gippy, ihrem Sohn, in der ersten Reihe saß, und tauchte im Meer der anderen Roben unter. Sie hatte gesagt, was zu sagen war, und wollte jetzt nur noch für sich sein. Die Scheinwerfer waren aus, und der Star war wieder privat.

Die Weichen sind gestellt

Nach Abschluß dieses Studiums fuhr Meryl nach Hause, nach Bernardsville zu ihren Eltern, um den Sommer über dort als Kellnerin zu arbeiten und soviel Geld wie möglich zu verdienen. Sie wollte weiter studieren – und das kostete. Zwar waren die Aufnahmegebühren für die Yale Drama School nicht hoch, aber Unterricht und Verpflegung würden immer noch ziemlich teuer kommen, und die Eltern konnten ihr nicht helfen. Mittlerweile gingen auch beide Brüder auf das College. »Ich stand ohnehin auf dem Standpunkt, daß ich es allein schaffen muß. Und meine Familie hatte mich darin von Anfang an unterstützt. Dafür war ich sehr dankbar, denn nichts war mir unangenehmer, als abhängig zu sein.« Meryl packte also an, getrieben von einem Ziel, das sie mehr als alles andere erreichen wollte. Sie arbeitete zwei Frühschichten hintereinander in einem Café, in dem sie Spiegeleier, Pfannkuchen und Kaffee servierte. Abends bereitete sie sich auf die Aufnahmeprüfung vor. Sie wollte Tennessee Williams' Blanche DuBois aus A STREETCAR NAMED DESIRE lesen und Shakespeares Portia. Und sie wußte, daß sie es schaffen würde. Sie hatte soviel Kraft und Ausstrahlung, sie mußte ganz einfach angenommen werden. Und sie bekam noch einen Sonderbonus: Man bewilligte ihr ein Stipendium.
Doch nun begann der Kampf. Drei Jahre lang härtester Wettbewerb um Hauptrollen, eisernes Training für einen

sensiblen Neuankömmling, folgten. Aber das sei alles nichts im Vergleich mit der Welt des Showbusiness da draußen, sagte man ihr. Doch der enorme Druck, dem sie sich aussetzte, um das Studium zu meistern (in drei Jahren spielte sie in über 40 Stücken), war äußerst anstrengend und forderte seinen Tribut. Meryl konnte ja nicht nur studieren, sie mußte sich nebenher noch mit Jobs finanziell über Wasser halten, zwischen Lernen und Schlafen kellnerte sie und tippte Dokumente für andere. Und obwohl sie fast jede Rolle bekam, die sie wollte, war sie ständig krank. »Ich mußte mich immer übergeben und bekam ein Magengeschwür.«

Wenn sie spielte, war von alledem nichts zu merken. Robert Lewis, einer ihrer Tutoren und ehemaliger Actors Studio Mann: »Sie spielte die Rolle der Alma, der seelenvollen Jungfrau in Tennessee Williams' SUMMER AND SMOKE. Und sie war die beste Besetzung, die ich je gesehen habe. Sehr ungewöhnlich, denn sie war ja noch eine blutjunge Anfängerin, eine Studentin. Aber immer, wenn Meryl spielte, wünschte ich mir, der Autor wäre da, um sie zu sehen. Sie war so überzeugend und wunderbar in jeder Rolle, ob sie nun ein quäkendes Baby oder eine sabbernde Alte spielte. Meryl brachte alles überzeugend.«

In Shakespeares EIN SOMMERNACHTSTRAUM war sie die Helena und in Strindbergs DER VATER die Tochter Berta. Aber ihre allerbeste Darstellung gab sie als Constance Garnett in THE IDIOTS KARAMAZOV, eine Musical-Parodie auf die russische Literatur, die zwei ihrer Mitschüler geschrieben hatten. Constance war eine englische Übersetzerin russischer Literatur, weit in den Achtzigern, die im Rollstuhl saß. Mit ihrer hervorragenden Darstellung rächte sich Meryl an einem ihrer Lehrer, der ihr im ersten Jahr gesagt hatte, daß sie nicht gut genug sei, sich zu sehr zurücknähme, aus Angst, mit ihren Mitschülern konkurrieren zu müssen. Das stimmte zwar, sie versuchte, nett zu sein, ihren Abschluß zu machen und die Schule hinter sich zu bringen, aber sie ließ sich das nicht gern sagen. Das bedeutete ja, daß man sie durchschaut hatte, und nichts haßte sie mehr als das. »Ich war sauer auf ihn, weil er mir mit anderen Worten sagte, daß ich besser Friseuse werden sollte.« Dieser Lehrer mochte Meryl aus irgendeinem Grund nicht und kritisierte ständig an ihr herum. Und bei diesem Stück nun führte er Regie. Diesmal fand er, daß sie zuviel Aufmerksamkeit auf sich lenkte, und sagte ihr, sie solle weniger auftragen. »Weniger ist mehr, meine Liebe.« Das reichte. Meryl kochte innerlich, dennoch befolgte sie brav seine Anweisung. Aber sie hatte sich Rache geschworen, und am Ende kurvte sie wie eine Wilde im Rollstuhl auf der Bühne rum und schrie das Publikum an: »Geht nach Hause! Geht nach Hause!« Und dann täuschte sie noch einen Herzanfall vor. Es war zum Totlachen. »Ich hatte soviel Spaß, Constance zu spielen. Jede Rolle im Rollstuhl ist großartig, die körperliche Einschränkung befreit endlos, läßt Raum für viele ungewöhnliche Ausdrucksmöglichkeiten.« Die Show war so erfolgreich, daß sie ins Yale Repertory Theater verlegt wurde. Jeder liebte diese 25jährige Alte, die in ihrem Rollstuhl sabberte und jeden Moment zusammenzubrechen drohte. Aber es gab auch Leute, die sie einfach unmöglich fanden. Sigourney Weaver zum Beispiel, die damals auch in Yale studierte, stöhnte: »Meryls ›great lady act‹ ist mir immer auf den Geist gegangen.« Doch Meryl scherte sich nicht darum. Sie spielte in sechs von sieben Stücken, die im Yale Repertory Theater aufgeführt wurden – das sprach für sich.

Eine Schauspielerin, die einmal bei den Proben vorbeischaute, erinnert sich: »Ich hörte Meryl, die eine Frau aus dem Süden spielte, und dachte, mein Gott, das Mädchen ist brillant, aber dieser Akzent! Sie wird Jahre brauchen, bevor sie den los wird. Ich war sicher, daß sie gerade aus Georgia oder Alabama gekommen war. Aber als ich sie dann später im breitesten New-Jersey-Slang sprechen hörte, war ich vollkommen von den Socken.«

Hinter Meryls Erfolg steckte härteste Arbeit. Sobald sie eine Technik gelernt hatte, sagte man ihr, daß sie sie wieder vergessen sollte, und dann kam etwas Neues. Es gab nichts, woran man sich festhalten konnte. »Wir spielten zum Beispiel Stücke, wo wir nur Nummern sprachen statt Wörter. Ich erinnere mich an Tschechovs DIE DREI SCHWESTERN. Einer meiner Sätze war: ›Sieben, neun, neun, fünf, drei, eins, sechs.‹«

Teilweise war es furchtbar. So gab es einen Lehrer, der seine Nase immer in die Angelegenheiten seiner Schüler steckte. Ein Graus für Meryl, die ihre wahren Gefühle lieber für sich behielt. »Ich fand das so unangenehm. Und vieles, was wir lernten, schien mir anfangs unmöglich. Geradezu lächerlich. Ich sagte mir oft ›Das werde ich sowieso nie so machen.‹« Hinter all dem steckte natürlich Methode. Und jedes einzelne Teil war ein Steinchen, das sich am Ende zu einem Mosaik zusammenfügen sollte, zum soliden Handwerkszeug wurde, auf das sie heute noch zurückgreift und mit dem sie die Welt in Staunen versetzt.

So brillant sie nach außen wirkte, so hilflos fühlte sie sich im Privatleben. Meryl litt unter ihrem nervösen Erbrechen. Eines Tages, sie hatte obendrein noch Hautausschlag bekommen, riet ihr eine Freundin, zum Psychiater zu gehen. Und das war gut, denn der nahm ihr die Angst und sagte, daß sie keine Probleme mehr damit haben würde, sobald sie das Studium beendet hätte. »Recht hatte er. Sobald ich Yale verlassen hatte, fiel der Druck von mir ab. Das ist lächerlich, denn jetzt konkurrierte ich nicht mit 20 Leuten, sondern mit 20.000. Aber das ist so abstrakt, und darum befreit es.«

Die ersten Schritte

Mit dem ›Masters of Fine Arts‹ in der Tasche verließ Meryl Streep 1975 die Universität. Sie fühlte sich groß und stark und war bereit, es mit der Welt aufzunehmen. Aber gleichzeitig graute ihr davor, im anonymen Schauspielermeer unterzugehen. Ihr erster Weg führte sie auf die jährliche National Playwrights Conference am Eugene O'Neill Theater Center in Waterford, Connecticut, mehr ein Sprungbrett für Stückeschreiber als für Schauspieler, aber immerhin eine Möglichkeit aufzufallen.

Sie spielte die Hauptrolle in ISADORA DUNCAN SLEEPS WITH THE RUSSIAN NAVY und hoffte, entdeckt zu werden. Außerdem war sie zu einem Massenvorsprechen, das von der Theater Communications Group (TCG) organisiert wurde, eingeladen. Die TCG ist eine Art Talentagentur für regionale Theater, die frischgebackene Schauspieler suchen. Im allgemeinen bereitete man einen ernsten und einen komischen Text vor, meist etwas von Shakespeare und etwas aus einem modernen Stück. So auch Meryl. Aber sie stand von Anfang an diesem Vorsprechen skeptisch gegenüber. Sie wollte nicht wieder von vorn beginnen. Schließlich hatte sie sieben Jahre lang studiert, zwei Abschlüsse von angesehenen Universitäten in der Tasche und fühlte sich jetzt bereit zum großen Sprung. Mit ihrem Werkzeug und Talent wollte sie die Welt erobern und sich nicht mühsam hocharbeiten. »Ich dachte, ich bin 26 Jahre alt, und wenn ich es jetzt nicht schaffe, dann nie.«

Ihre Gedanken kreisten um ihre Zukunft und ließen sie kaum schlafen. Und am nächsten Morgen, als der Wecker klingelte, war sie so fertig, daß sie ausstellte und sich wieder umdrehte. Sie konnte und wollte nicht zum Vorsprechen gehen. Schon bei dem Gedanken daran wurde ihr übel. Aber sie blieb nicht lange liegen. Einer plötzlichen

Eingebung folgend, stand sie auf, machte sich zurecht und spazierte geradewegs ins Buchungsbüro von Joseph Papp, dem einflußreichsten und interessantesten Theaterproduzenten, wo Rosemarie Tichler saß, eine der mächtigsten Casting-Agentinnen. Rosie brauchte nur mit dem Finger zu schnippen und, schon kam zum Beispiel Al Pacino angelaufen. Meryl hatte sich gleich das Beste vom Besten ausgesucht, denn sie wußte, wer es hier schaffte, war auf dem Weg nach oben. Das Joseph Papp Public Theater hatte viel Einfluß, es war berühmt für seine außergewöhnlichen Stücke und seine erstklassige Schauspielergarde. Hier hatte das Musical HAIR in den 60ern seine Uraufführung gehabt, und viele seiner Shows waren am legendären Broadway gelandet, eine große Auszeichnung. Außerdem war Papp berühmt für seine Shakespeare-Aufführungen im Delacorte Theater im Central Park in Manhattan während der Sommermonate. Mit anderen Worten: Das Beste war gerade gut genug für Meryl. Eine ziemliche Mutprobe. Aber sie war sich ihrer Sache sicher und ging beinahe wie von einem unsichtbaren Faden geleitet.

»Ich bettelte sie an, mich vorsprechen zu lassen, und sie fragte, wieso ich nicht beim TCG sei. Ich erzählte ihr, daß mir allein die Vorstellung davon Bauchschmerzen macht. Kurz und gut, sie ließ mich vorsprechen und sagte, daß sie eventuell etwas für mich hätte.« Meryl war überglücklich, ihr alabasterfarbenes Gesicht glühte vor Aufregung. Sie bekam die Rolle der Imogen Parrott in TRELAWNY OF THE WELLS, eine Neufassung von Arthur Wing Pineros Komödie von 1898. Es war nur ein kleiner Part, sie spielte die Managerin in einem Theaterausrüstungsgeschäft, aber es war ein Anfang. Die kleine Gruppe von Schauspielern, Mary Beth Hurt, die die Hauptrolle spielte, Mandy Patinkin, John Lithgow und Meryl wurden Freunde fürs Leben. Und das Public Theater wurde Meryls zweites Zuhause. »Es ist der einzige Platz in New York, den man als Nobody betritt und als Star wieder verläßt«, sagte sie später einmal. Für sie hat sich das bewahrheitet.

Papp erkannte Meryls Talent sofort und sollte sie weiter fördern: »Ich hatte schon von ihr gehört, denn außergewöhnliche Talente sprechen sich rum. Ich wußte, daß sie von Yale kam. Und als ich sie traf, war ich sofort begeistert. Sie war so vielseitig und setzte ihr ganzes Ich ein, schreckte auch nicht vor körperlichen Risiken zurück. Ich weiß nicht, wie oft sie sich in der WIDERSPENSTIGEN ZÄHMUNG auf den Boden schmiß – es war einzigartig. Meryl ist eine der wenigen Schauspielerinnen, die ihre Charaktere total ausfüllen, bei ihr wirken sie echt und nicht wie eine Imitation.«

Noch während sie für das Stück probte, bekam sie ein Angebot vom Phönix Theater für die Hauptrolle in zwei Einaktern: 27 WAGONS FULL OF COTTON von Tennessee Williams und A MEMORY OF TWO MONDAYS von Arthur Miller. Der Stein ihrer Karriere war ins Rollen gekommen.

Die ersten Jahre

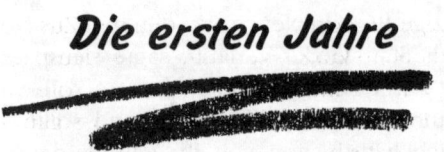

Gemeinsam bis zum bitteren Ende

Meryl hatte gerade acht Stunden lang für TRELAWNY OF THE WELLS geprobt und war total erschöpft, als der Anruf vom Phönix Theater kam. Dort standen zwei neue Stücke auf dem Plan, und man lud sie zum Vorsprechen für die Hauptrollen ein. Natürlich würde sie hingehen. Abgespannt und müde saß sie in der U-Bahn und hing ihren Gedanken nach. Alles lief eigentlich gut, dachte sie, ihr ging es besser als den meisten Schauspielerinnen – sie arbeitete in ihrem Beruf. Dennoch war sie unzufrieden mit sich und der Welt, wie immer, wenn sie nach ungeheurem Streß auf der Bühne in der Wirklichkeit aufwachte. Ihre Laune verschlechterte sich noch, als sie im Phönix Theater angekommen war – da saßen an die 20 hoffnungsvolle Schauspielerinnen, die alle das gleiche im Kopf hatten: den großen Sprung nach oben. Schon begann ihr Magen sich wieder zu melden, und sie ging auf die Toilette. Dort starrte sie lange in den Spiegel und überlegte, ob sie nicht einfach gehen sollte. Doch dann kam ihr eine Idee: Die Flora in 27 WAGONS FULL OF COTTON war eine schwergewichtige Dame – sie wog 180 Pfund. Meryl jedoch war klapperdürr und hatte hinten und vorn nichts. Plötzlich fing sie wie wild an, sich mit Papiertaschentüchern auszustopfen. Als sie die nötigen Rundungen hatte, drehte sie sich vor dem Spiegel, fuhr sich mit der Zunge über die Zähne und beulte kurz ihre rechte Wange aus – eine Angewohnheit, an der man sie in manchen Rollen erkennen kann – und verließ das Klo. Damit fiel sie ganz bestimmt auf, das würde ihr helfen.

Die Anwesenden fanden ihr Verhalten ziemlich albern, aber man übersah dieses unglückliche Gewusel unter der Bluse höflich. Und dann passierte es – alles war mucksmäuschenstill: Denn da oben auf der Bühne hatte – vor ihren Augen – eine Verwandlung stattgefunden. Dort stand tatsächlich die verblühte Schönheit aus dem Südwesten und nicht das blasse Geschöpf mit dem strähnigen Blondhaar und den verknitterten Rundungen. Meryl war überwältigend, so überzeugend, das hatte niemand erwartet. Die Agenten waren so sehr angetan von ihrer Vorstellung, daß sie ihr gleich auch noch die Rolle der sexy Sekretärin aus A MEMORY OF TWO MONDAYS gaben. Die anderen Mitbewerberinnen konnten nach Hause gehen.

Die beiden Einakter sollten jeweils am selben Abend hintereinander aufgeführt werden, eine Herausforderung nicht nur an ihr schauspielerisches Talent, sondern auch an ihre Kondition. Doch Meryl meisterte beides hervorragend. War brillant in ihrem Schaumgummianzug, der sie dick und rund machte, und sexy und verführerisch als kurvenreiche Sexbombe, als die sie nach der Pause im zweiten Stück die Bühne betrat. Das Publikum war verwirrt, den Namen Meryl Streep zweimal zu lesen, und verstand erst nicht die Verbindung, viele hielten es für einen Druckfehler. Meryl war einfach nicht zu identifizieren, so sehr ging sie in ihren Rollen auf. Diese Leistung blieb natürlich nicht unbemerkt, und sie wurde dafür gleich doppelt ausgezeichnet: Sie erhielt den ›Outer Critics Circle Award‹ und den ›Theater World Award‹, außerdem wurde sie für den Tony nominiert.

Meryl hatte es geschafft. Jetzt mußte sie nicht mehr Kellnern gehen oder Werbespots drehen. Sie war eine berufstätige Schauspielerin, die genügend verdiente, um davon leben zu können. Und die Angebote flatterten ihr nur so ins Haus. Als nächstes spielte sie Patricia in dem Spionagethriller SECRET SERVICE von William Gillette. Mit dabei John Grifasi, ein Freund aus Yale. Diese Aufführung gefiel dem Public Broadcasting System (PBS) so gut, daß es sie aufzeichnete und im Fernsehen übertrug. Es lief alles wie am Schnürchen, beinahe zu gut, so daß Meryl das Gefühl beschlich, irgend etwas müßte passieren. Und sie mußte nicht lange warten: Die letzte Saison des Phönix Theaters war angebrochen, es sollte geschlossen werden. Mit ihren Freunden Mary Beth, John Lithgow, Mandy und John Grifasi saß sie wieder in den Cafes von Greenwich Village, und sie redeten sich die Köpfe heiß. Wenn sie doch nur genügend Geld aufbringen könnten, um das Theater zu retten. Aber sie waren machtlos. Und deshalb beschlossen sie: »Wenn wir reich und berühmt sind, werden wir eine Theaterkompanie gründen und jungen Talenten helfen.«
Aber zuerst brauchten sie selbst Hilfe. Das Geld wurde wieder knapp, und man konkurrierte miteinander um die Rollenangebote. Die Freunde hatten sich jedoch geschworen, niemals eifersüchtig auf den Erfolg des anderen zu sein. Man wollte immer zusammenhalten und füreinander da sein. Und als Meryl kurze Zeit später eine Filmrolle angeboten bekam, waren alle aus dem Häuschen. Sie sollte neben Jane Fonda und Vanessa Redgrave die leichtlebige Ann-Marie Travers spielen, die nach vielen Jahren ihre ehemaligen Highschoolfreundinnen Lillian (gespielt von Jane Fonda) und Julia (gespielt von Vanessa Redgrave) wiedertraf. Lillian war eine berühmte Drehbuchautorin, Julia kämpfte für die Freiheit in Europa, und aus Ann-Marie war ein unbeschwerter Partyschmetterling geworden.

Der Film JULIA wurde nach der wahren Geschichte von Lillian Hellman in London gedreht, und Meryl wurde für ihren Auftritt eingeflogen. Das war alles so neu und aufregend für sie, daß sie am ersten Drehtag prompt Hautausschlag bekam. Ihre Rolle war zwar klein, aber wichtig. Leider landete ein großer Teil ihrer Darstellung aus dramaturgischen Gründen später auf dem Boden des Schneideraums. Aber der Regisseur, Fred Zinneman, entschuldigte sich schriftlich bei ihr. Meryl war das egal, sie war trotzdem glücklich, denn sie hatte viel gelernt. Filme machen war so ganz anders als Theater spielen, schon bei der ersten Begegnung mit dem Drehbuch. Da sitzt man und versucht, Verbindung mit dem Charakter aufzunehmen, sich nach und nach mit der anderen Person anzufreunden und in sie hineinzuschlüpfen, eins mit ihr zu werden. Die Dreharbeiten für diesen Film waren eine schöne, aber auch schwere Zeit für sie.

Jane Fonda verhielt sich absolut kollegial. Sie sagte Meryl, wo sie stehen sollte, und erklärte ihr die Insider-Ausdrücke. Einmal unterbrach sie sogar eine Szene, nur um zu fragen, warum Meryl im Schatten stände. »Gibt es einen Grund dafür?« wollte sie wissen. Dann nahm sie den Neuling zur Seite und erklärte, daß es bei diesem Film sehr altmodisch zuginge: »Die denken, daß das Scheinwerferlicht nur dem Star zusteht.«

Wieder zurück in New York klingelten nun die Fernsehsender bei Meryl an. In THE DEADLIEST SEASON bot man ihr die Rolle der Frau eines Eishockey-Stars an, der beim Spiel versehentlich einen Mitspieler tötet. Ihren Mann spielte Michael Moriarty, den sie von Dartmouth her kannte. Der Film wurde 1977 gezeigt, und Moriarty erinnert sich in einem Interview an eine nervöse Meryl, die sich auf die Finger biß und ständig an ihrem Haar rumzwirbelte. »Ich mochte sie, denn sie packte so viel Ernsthaftigkeit in ihre Rolle«, sagte er. Wieder war es nur eine kleine Rolle, aber es war keine leichte. Sharon war ein langweiliger Charakter, doch durch Meryls Darstellungskraft bekam das schüchterne Frauchen etwas Heldenhaftes. Herbert Brodkin, der Produzent, war so beeindruckt von ihrem Spiel, daß er sie später für die Fernsehserie HOLOCAUST wieder engagieren sollte.

In der Zwischenzeit verlief Meryls Leben ziemlich unauffällig, abgesehen davon, daß sie langsam, aber allmählich Karriere machte. Sie packte ihre ganze Energie in ihren Beruf, Privatleben gab es nicht. Ein Engagement folgte dem anderen, da blieb keine Zeit für anderes. Das nächste Stück, UNCOMMON WOMEN AND OTHERS, hatte ihre Yale-Freundin Wendy Wasserstein geschrieben, und es war ursprünglich im Phönix-Theater aufgeführt worden, mit Glenn Close in der Hauptrolle. Für die Fernsehfassung jedoch engagierte man Meryl. Das Stück handelt von Leilah, einer unglücklichen Schulabgängerin, die fürchterlich unter dem Umweltdruck leidet und deshalb in den Irak auswandern will. Keine schlechte Rolle, aber nichts weiter als ein kleiner Stein am Wegesrand zum großen Erfolg.

Nur ein Jahr war bisher seit ihrem Abschluß von Yale vergangen, und sie hatte kaum noch Zeit, sich mit ihren Freunden in den Cafes von Downtown Manhattan zu treffen. Alle waren mit verschiedenen Projekten beschäftigt, bis Joseph Papp, ihr Freund und Mentor, sie wieder zusammenbrachte. Er lud Meryl ein, im Sommer bei den Shakespeare-Aufführungen im Delacorte-Theater im Central Park mitzuspielen.

Sie spielte Prinzessin Katherine in HENRY V. und die Novizin Isabella in MASS FÜR MASS. Meryl mußte wieder alles haben und gönnte sich keine Pause. Während sie abends als Katherine auf der Bühne stand, lernte sie tagsüber für Isabella. »Es war der reinste Wahnsinn, aber ich fand es toll.« Sie liebte Shakespeare, liebte die Rollen, die mit Worten bis zum Rand hin ausgefüllt sind. »Man findet sich selbst durch die Worte, und deswegen muß man den Charakteren nicht durch großartige schauspielerische Aktionen auf die Beine helfen.« Trotzdem kamen ihr Zweifel an dem Thema an sich: Wen würde heute, 1976, noch die Reinheit der Seele interessieren? Aber dann entdeckte sie, daß Isabella genauso dogmatisch und konsequent war wie sie selbst, eine durchaus zeitlose und somit immer aktuelle Angelegenheit.

Das blieb aber nicht ihre einzige Entdeckung, es geschah noch etwas: Sie begann, sich jeden Tag bereits nach dem nächsten zu sehnen, der sie zu den Proben ins Studio an der Lafayette Street in Soho führte. Und dafür gab es einen ganz einfachen Grund: ihren Co-Partner John Cazale. Meryl hatte sich in den Angelo, der hinter der unschuldigen Jungfrau Isabella her war wie der Teufel hinter der Seele, verguckt. Die New York Times schrieb später über die Aufführung: »Die sexuelle Anziehungskraft von Isabella und Angelo ist nicht zu übersehen.« Es stimmte, sie hatten sich ineinander verliebt. Der junge Schauspieler mit den tiefen, schwarzen Schatten unter den Augen und dem intensiven Blick, der bereits in Filmen wie DER PATE 1 und 2 mitgespielt hatte, und die engelsgleiche Meryl mit ihrem langen, blonden Haaren wurden ein Paar.

Kurz darauf zogen sie in eine gemeinsame Wohnung in die 69. Straße auf der Westseite des Central Parks. Zwei Jahre dauerte ihr scheinbar grenzenloses Glück. Auf dem Briefkasten stand: Cazale/Streep, aber hinter der Tür lebten Romeo und Julia. Sie liebten sich so sehr, sie brauchten sich wie die Luft zum Atmen. Ihre Beziehung war intensiv und ungewöhnlich. Und ihre Fähigkeit, Figuren, die nur auf dem Papier existierten, Leben einzuhauchen, kettete sie fest aneinander. Joseph Papp: »Meryl liebte ihre Arbeit lei-

denschaftlich, und sie liebte John mit der gleichen Leidenschaft. Sie umsorgte ihn, als würde es niemand anderen
geben auf der ganzen weiten Welt.« Beinahe war es unwirklich, so als ob sie sich beeilen müßten mit ihrer Liebe.
Als ob sie ahnten, daß ihnen nicht viel Zeit gegeben war.

Gemeinsam bis zum bitteren Ende

Michael Cimino, der später mit seinem Film HEAVEN'S
GATE berühmt werden sollte, arbeitete an einem Projekt
über das Trauma des Vietnamkrieges. Der Regisseur hatte
von den Produzenten für die Besetzung seines Filmes DIE
DURCH DIE HÖLLE GEHEN grünes Licht bekommen. Sein
Star sollte Robert DeNiro sein, der durch TAXI DRIVER bereits bekannt geworden war. DeNiro sagte zu, aber nur unter der Bedingung, daß er sich seine Mitspieler aussuchen
dürfte. Er wählte unter anderem John Cazale, den er aus
den Mafia-Filmen kannte, und zwei junge Talente, die ihm
bei seinen Besuchen von Off-Broadway Aufführungen auf-
gefallen waren. Ihre Namen: Meryl Streep und Christopher
Walken. Über Meryl sagte er: »Sie ist so witzig, und das Beste an ihr ist, sie kann über sich selbst lachen. Eine bemerkenswerte Frau, die nicht nur schön ist, sondern auch
noch intelligent.«
»Ich war außer mir vor Freude!« sagte Meryl. »John und ich
lebten zusammen, und jetzt hatten wir auch die Gelegenheit, gemeinsam vor der Kamera zu stehen. Das ist so selten, die meisten Schauspielerbeziehungen gehen kaputt,
weil der eine hier und der andere am Ende der Welt dreht
und man sich kaum sieht.« Aber dann kam der Dämpfer.
Cazale hatte mittlerweile von seinen Ärzten erfahren, daß
er unheilbar krank war. Er hatte Knochenkrebs – im fort-
geschrittenen Stadium. Man wußte nicht, wie lange er

noch leben würde. Cazale mußte Cimino reinen Wein ein-
schenken, und er sagte, er könnte es verstehen, wenn er
sein Angebot wieder zurückziehen würde. Für Meryl brach
eine Welt zusammen. Sie war verzweifelt und weinte, sie
konnte es nicht glauben, sie wollte mit John zusammen-
sein, für immer, bis ans Ende ihres Lebens. Und wenn er
nicht spielen könnte, dann wollte sie auch verzichten. Alles hatte sich plötzlich gegen sie verschworen. Dazu kam
noch, daß die Dreharbeiten von März auf Juni verschoben
wurden, und sie hatte Angst, wenn es noch länger dauern
würde, daß John nicht mehr bei den Dreharbeiten dabeisein könnte. Er hatte jetzt schon oft heftige Schmerzanfälle,
die ihn schwächten und ans Bett fesselten. Völlig verzweifelt stürzte sich Meryl in die Arbeit. Sie nahm eine Rolle
nach der anderen an, nur um sich zu betäuben.
Auf einem Empfang lernte sie die Schauspielerin Irene
Worth kennen, die schon seit längerer Zeit ein Auge auf
Meryl geworfen hatte. Irene wollte sie für ihr Stück THE

CHERRY ORCHARD heuern, als die tolpatschige Magd Dunjasha. Die aristokratische Anja wurde von Mary Beth Hurt gespielt. Die Freundinnen teilten sich eine Garderobe am Vivian Beaumont Theater und waren glücklich, wieder zusammen spielen zu können. Sie hatten viel Spaß miteinander, und Meryl konnte für kurze Zeit ihr schweres Schicksal vergessen. Oder sie tat zumindest so. Mary Beth: »Unsere Rollen waren so verschieden wie Tag und Nacht, und Meryl machte sich einen Spaß daraus, mir das jeden Abend an einem kleinen Beispiel vorzuführen. In der einen Hand hielt sie ein blütenweißes, frisch gestärktes Taschentuch – das sollte ich sein – und in der anderen ein völlig zerknülltes, das nicht mehr ganz sauber war – sie selbst. Dann warf sie beide in die Luft und lachte.«

Solche kleinen Spielchen halfen ihr anscheinend, mit dem Schmerz fertig zu werden, der in ihrem Herzen wühlte. John ging es immer schlechter, er lag die meiste Zeit zu Hause. Auch wenn sie bei ihm war, versuchte sie, ihn mit allerlei Witzen und Parodien zum Lachen zu bringen. Ihr Repertoire war unerschöpflich. Meryl beobachtete für ihr Leben gern andere Leute, und es war verblüffend, wie sie sie nachmachen konnte. Ob es der dicke Mann vom Zeitungskiosk auf der Columbus Avenue war oder Barbara Streisand – sie war umwerfend und alle, die das sahen, bogen sich vor Lachen, auch John, und seine traurigen Augen ruhten dabei auf diesem blonden Engel, den er so sehr liebte.

Als nächstes kam die Rolle der ewig singende Halelujah Lil im Brecht/Weill Musical HAPPY END. Joe Grifasi hatte ihr dazu verholfen. Aber es war eine undankbare Aufgabe. Meryl hatte nur drei Tage Zeit, um sich darauf vorzubereiten. Und obwohl sie die Rolle schon einmal an der Highschool gespielt hatte, fühlte sie sich bei der Premiere, als ob sie sich ohne Fallschirm vom World Trade

Center stürzen müßte. In der ganzen Produktion steckte von Anfang an der Wurm. Bereits vor der Eröffnung hatte sich der Hauptdarsteller das Bein gebrochen und mußte in Gips auftreten, ein anderer Darsteller bekam die Masern, und Meryl hatte fürchterliche Angst, ihren geschwächten Freund damit anzustecken. Voller Panik rannte sie ins Krankenhaus und ließ sich mit Abwehrkräften vollpumpen, völlig sinnlos, aber es half ihr, sich besser zu fühlen.

Nach der letzten Vorstellung von HAPPY END im Juni 1977 verbrachten die beiden Liebenden ruhige Abende zu Hause. Sie lasen sich gegenseitig vor, kochten Spaghetti, spazierten durch den Central Park und bereiteten sich auf ihre Filmrollen für DIE DURCH DIE HÖLLE GEHEN vor. Und dann war es soweit: Meryl und John flogen nach Mingo Junction in Ohio. Meryl sollte das niedliche, passive, aber sehr sensible Vorstadtmädchen Linda spielen. Eine Herausforderung für jemanden wie sie, wenn man es positiv betrachten wollte. Doch Meryl haßte ihre Rolle. Aber sie ließ sich nichts anmerken, weil sie froh war, bei John zu sein. Also spielte sie die kleine Verkäuferin aus dem Lebensmittelladen, die sich in den Kumpel ihres Verlobten verliebt, während sie auf dessen Rückkehr aus Vietnam wartet. DeNiro, der Michael spielt, bleibt aber seinem Freund Nick (Christopher Walken) gegenüber loyal und unterdrückt seine sexuelle Begierde. Das Mädchen ist irritiert, doch gleichzeitig voller Respekt für Michael. Aber sie fühlt sich von diesem Krieg, der sie nicht einmal interessiert und den sie nicht versteht, um ihr Leben betrogen. Und ihr Gesicht spiegelt die ganze Qual ihrer schlichten Seele wider, die Qual eines Mädchens, das wartet, wartet auf das Leben, wartet auf den Mann, der ihr das Leben bringt. Mit dieser Rolle übertrifft Meryl sich selbst und wird später dafür sogar für den Oscar nominiert.

Die Arbeiterkulisse inmitten einer schwarzgrauen Stadt, geprägt von ihrem Lebensbringer, dem Stahlwerk, war die richtige Umgebung für Ciminos Vietnam-Drama. Die Geschichte spielte im Herbst, und infolgedessen wurden alle warm eingekleidet, obwohl es Hochsommer war und das Thermometer 38 Grad Celsius im Schatten anzeigte. Darsteller und Statisten trugen Flanellhemden, Parkas, Wollhandschuhe und Mützen – und schwitzten. Sie mußten sich mehrmals umziehen, weil ihnen die Klamotten klitschnaß am Leib klebten. Die Leute, die für die Spezialeffekte zuständig waren, arbeiteten wie verrückt, damit die Stadt, die unter einer Hitzewelle zum Stillstand gekommen war, so wirkte, als ob sie unter arktischen Temperaturen allmählich einfror. Es war wahnsinnig.

John litt. Aber nicht nur auf der Leinwand, sondern auch im wirklichen Leben. Der Knochenkrebs schritt so schnell voran, daß er bald Mühe hatte zu gehen und anfing zu humpeln. Das blieb natürlich niemandem verborgen, und plötzlich bekam der Regisseur einen Anruf von den Produzenten, die ihm sagten, er solle Cazale feuern. Noch war Zeit. Das Risiko war zu hoch. Was wäre, wenn er während der Dreharbeiten sterben würde? Man müßte alle Szenen mit ihm wiederholen. Unmöglich! Aber Cimino wollte John behalten. Er redete und redete, bis sie einwilligten, aber nur unter der Bedingung, daß er ein alternatives Manuskript schrieb – für den Fall des Falles. Cimino gab nach, aber ein neues Drehbuch wurde nie geschrieben, und er sagte niemandem ein Wort, auch nicht John. Und der hielt durch. Er verpaßte keinen Drehtag.

Meryl und John drehten an verschiedenen Orten, mitten im tiefsten Amerika, das beide so noch nicht kennengelernt hatten. Und obwohl sie kaum von seiner Seite wich, blieb sie immer, wenn ihr Lebensgefährte gefährliche Szenen spielen mußte, weg. Den Anblick von lodernden

Hochöfen, die an das brennende Inferno erinnerten, und den zum Tode verurteilten John – das konnte sie nicht ertragen. Sie sah ihn nur an und litt mit ihm, dem Mann, den sie so sehr liebte.

Am Ende des Films war John so schwach, daß er große Schwierigkeiten beim Sprechen hatte. Er wußte, daß er bald sterben würde. Meryl ließ sich nichts anmerken, sie spielte ihre Rolle mit einer beinahe unwirklichen Brillanz. Regisseur Alan Pakula, der mit ihr später SOPHIE'S ENTSCHEIDUNG drehen sollte, sagte über ihre Fähigkeit, alles abzustreifen und nur noch die Person zu sein, die von ihr verlangt wird: »Ihre Intensität ist unheimlich, nicht von dieser Welt. Früher wäre eine Frau dafür als Hexe verbrannt worden.«

Bevor Meryl erfahren hatte, daß John sterbenskrank war, hatte sie einen Vertrag für die Fernsehserie HOLOCAUST unterzeichnet. Dafür mußte sie nach Abschluß der Dreharbeiten in Ohio nach Österreich fliegen. Sie war verzweifelt, John mußte ins Krankenhaus zur Chemotherapie, und sie konnte nicht bei ihm sein. Ihre privaten Qualen wurden durch das Thema der Judenvernichtung nur noch größer. Sie spielte Inga Helms, eine deutsche Katholikin, die den Juden Karl Weiß (James Woods) in Nazi-Deutschland heiratet. In ihrer grenzenlosen Liebe zu ihm folgt sie ihm von einem Konzentrationslager ins nächste. Im Film wie im richtigen Leben versuchte sie, ihren Mann zu retten, und stirbt dabei tausend Tode.

Die Serie wurde mit gemischten Gefühlen von der Öffentlichkeit aufgenommen. Viele fanden, daß das schreckliche Geschehen durch diesen Fernsehfilm trivialisiert würde. Die größte Tragödie des 20. Jahrhunderts würde, mit anderen Worten, zur Seifenoper stilisiert. 120 Millionen Zuschauer sahen das Drama allein in den USA. Meryl sagte einem Journalisten: »Ich habe meine beste Arbeit im Theater

geleistet, aber unglücklicherweise passen nicht so viele Zuschauer ins Theater wie vor den Bildschirm. Und deshalb
bekommt so ein Müll wie HOLOCAUST so viel Gehör.« Sie
haßte das Drehbuch, es machte sie so nobel, »es war zum
Kotzen. Ich habe den Film nur des Geldes wegen gemacht,
und ich hoffe, daß ich nie wieder in so eine Lage komme.«
Die Krankenhauskosten für John waren mittlerweile in
schwindelerregende Höhen geschnellt, und ihr war tatsächlich nichts anderes übriggeblieben. Sie konnte aber auch
nicht leugnen, daß es diese Serie war, die sie weltberühmt
machte, und zwar über Nacht. HOLOCAUST gewann acht
Emmys, und einer davon war für Meryl. Zur Preisverleihung erschien sie allerdings nicht, sie ließ ihn sich ins Haus
liefern. Nicht nur, weil sie nicht zu dem Film stand, sondern vor allen Dingen, weil sie John keine Minute aus den
Augen lassen wollte, der daheim im Sterben lag.
Sie hatte mittlerweile aufgehört zu arbeiten, denn mit John
ging es rapide bergab. Zwei Wochen vor seinem Tod zog

sie zu ihm ins Krankenhaus. Sie wich nicht von seiner Seite, las ihm die Sportergebnisse aus der New York Times vor und versuchte dabei, den Sportjournalisten Warner Wolf zu imitieren, der berühmt für seine dramatische Berichterstattung war. Wie es in ihrem Inneren aussah, konnte man nur ahnen. Nach außen jedenfalls trug sie ihre gewohnte Leichtigkeit zur Schau. Doch als John starb, starb auch ein Teil von ihr. Diese Liebe, die so aufrichtig und leidenschaftlich gewesen war, die konnte sie nicht so einfach wegwischen. Meryl hüllte sich jedoch in Schweigen und machte nur einmal in einem Interview eine Bemerkung dazu: »Ich denke oft an Johns Tod, er bestimmte alles, was in meinem späteren Leben stattfand. Aber das Leben geht weiter.«

Die Uraufführung seines letzten Filmes erlebte John Cazale nicht mehr. Er starb mit 42 Jahren.

Leben nach dem Tod

Zurück zum Theater

Hochzeit

Bereits als Kind wurde Meryl von den Eltern auf den Spielplatz geschickt, wenn sie Probleme hatte oder unglücklich war. Sie sollte sich austoben, dann würde alles wieder gut. »Dampf ablassen ist die beste Medizin« war eine geflügeltes Wort im Hause Streep. Sie hatte also nie gelernt, sich mit Dingen oder gar sich selbst auseinanderzusetzen. Und so war es ganz normal, daß sie bereits drei Wochen nach Cazales Tod mit einem neuen Film anfing. Die Arbeit würde ihr helfen, sich der Wirklichkeit zu entziehen.
Während sie sich auf DIE VERFÜHRUNG DES JOE TYNAN vorbereitete, klingelte es an der Tür. Vor ihr stand ein braungebranntes Mädchen, das behauptete, daß ihr das Appartement gehörte. Sie hielt Meryl einen Mietvertrag unter die Nase, der das bestätigte. John hatte diese Frau nie erwähnt, Meryl war mehr als überrascht, sie war schockiert. Aber ihr blieb nichts anderes übrig, als auszuziehen. Innerhalb von drei Wochen hatte sie also nicht nur ihre Liebe verloren, sondern auch ihr Zuhause.
Unfähig, irgend etwas zu unternehmen, suchte sie bei ihrem Bruder Harry Hilfe, der sich seiner großen Schwester gern annahm. Ihr Verhältnis hatte sich seit den Kindheitstagen um 180 Grad gewandelt, sie waren Freunde geworden. Er führte sie in seinen Freundeskreis ein, eine

New Yorker Künstlerkommune, die aus Malern, Schriftstellern, Bildhauern und Tänzern bestand. Eine Clique, die sich überwiegend von der Uni her kannte. Und wie der Zufall es wollte, sein Freund Don Gummer, ein Bildhauer, fuhr für ein paar Monate nach Europa. Das bedeutete: Sein Loft in Soho war frei, und Meryl zog ein. »Ich wollte nur eine Bleibe finden, um meinen Kopf so bald wie möglich wieder für die Arbeit frei zu bekommen. Weiter konnte ich nicht denken.«

Diesmal war es aber nicht so leicht, den Schmerz zu vergessen. Sie und John waren zu sehr eine Einheit gewesen, ihre Gedanken kehrten immer wieder zu ihm zurück. »Ich habe ihn nicht nur geliebt, sondern auch bewundert. Er hatte die wunderbare Fähigkeit, die Spreu vom Weizen zu trennen. Seine Begabung, sich auf das Wesentliche zu konzentrieren, war einmalig, er ließ sich durch nichts ablenken. Seine Beurteilung war stets klar und treffend. ›Du brauchst dies nicht, du brauchst das nicht‹, pflegte er zu sagen und ›was richtig ist, steht für sich selbst‹.« Er fehlte ihr sehr, sie fühlte sich so allein auf der Welt, so nackt und verletzlich.

Der Regisseur, Jerry Schatzberg, war sehr besorgt um sie: »Ich fürchtete, daß der Film zuviel für sie sein könnte.« Aber er hatte sich geirrt. Meryl fand am Drehort viel Wärme und Unterstützung bei ihren Kollegen, vor allem Alan Alda, der das Drehbuch geschrieben hatte und die Hauptrolle spielte, er war wie ein guter Freund. Die beiden verstanden sich auf Anhieb. Alda hatte das richtige Einfühlungsvermögen, und das war im Moment das, was sie am meisten brauchte.

»Ich spielte wie ein Automat, aber das war wahrscheinlich die beste Therapie. Ich mußte so hart arbeiten, daß ich an nichts anderes denken konnte. Nachts, wenn ich mit dem Drehen fertig war, fiel ich erschöpft ins Bett und schlief sofort ein.« Meryl spielte eine attraktive Anwältin aus Louisiana, Karen Traynor, die eine Affäre mit dem Präsidentschaftskandidaten, gespielt von Alda, hat. Die beiden sind verheiratet – aber nicht miteinander – und verbissene Karrieremenschen. Neben der sexuellen Anziehung ist es jedoch die Arbeit, die sie zueinanderführt. Sie haben dieselben Ideen und sind beide auf ihre Art brillant.

Meryl spielte umwerfend, aber nicht nur das, sie hatte auch Gelegenheit, ihr Sprachtalent zu beweisen. Ihr langgedehnter Südstaatenakzent war perfekt. Alle waren begeistert. Die Kollegen wunderten sich nur, wie sie die Liebesszenen ertrug, die das Drehbuch verlangte. Aber Meryl war auch hier Profi. Sie ließ sich nichts anmerken. Nur einmal, als sie und Alan im Bett rumalberten, war sie kurz vor dem Zusammenbruch. Als Schatzberg die Szene im Kasten hatte, war sie klitschnaß und zog sich für den Rest des Tages auf ihr Zimmer zurück. Diese Unbeschwertheit hatte sie an ihre Zeit mit John erinnert, und es war zu schmerzlich gewesen.

Als sie nach New York zurückkehrte, hatte sie das Gefühl, ein Mühlstein sei ihr vom Hals gefallen. Sie lebte jetzt ein völlig neues Leben. Statt auf der vornehmen Upper West Side wohnte sie nun in Soho, Manhattans Künstlerviertel, in der Franklin Street. Die Nachbarschaft war bunt und interessant, und Meryl liebte es, ohne ein bestimmtes Ziel durch die Straßen zu schlendern. Sie fühlte sich hier sehr geborgen und ausgeglichen. Don und seine Freundin waren weit weg, aber sie hatte das Gefühl, daß sie diesen Mann kannte. Seine riesigen Holzskulpturen, die beinahe das ganze Loft ausfüllten, waren ihr sehr vertraut. Ein paarmal hatte sie ihn bei ihrem Bruder getroffen, konnte sich aber kaum an ihn erinnern. Sie wußte nur noch, daß er ein eingebildeter Typ war, sehr intelligent und wahnsinnig egoistisch. Aber das war ihr jetzt egal.

Seine Arbeiten wurden in den besten Galerien in Soho ausgestellt, das gab seinem Selbstbewußtsein natürlich noch mehr Auftrieb. Don sah aus wie viele andere Hippies auch, hatte lange, dunkle Locken, trug eine Cordsamtjacke und Jeans und war klapperdürr. Aber er war ein Typ, auf den die Frauen flogen, bei ihm konnten sie ihre Mutterinstinkte ausleben, ihn knuddeln, aufpeppeln und füttern. Nach der Uni hatte er sein Highschoolliebe geheiratet und gedacht, ihm läge die Welt zu Füßen. Aber der Erfolg ließ nach. Und die Ehe auch. Sie ließen sich scheiden, und jetzt lebte er mit einer wunderschönen Tänzerin zusammen in dem Loft, in dem Meryl saß und anfing, ihm Briefe zu schreiben.

Und Don schrieb zurück. Es entwickelte sich ein reger Schriftverkehr zwischen den beiden, und ihr Briefwechsel machte deutlich, daß sie vieles gemein hatten. Beide kamen aus intakten, liebenden und fürsorgenden Familien, und beide hatten erstklassige Schulen besucht. Außerdem hatten beide einen Weg gewählt, der für ihre Herkunft ungewöhnlich war – sie waren Künstler geworden. Meryl fühlte sich mit ihm stark verbunden und war sehr empfänglich für seine Ratschläge, genauso, wie sie es bei John gewesen war. Sie vertraute ihm ihre Ängste zu versagen an, sie schrieb ihm, daß sie immer ihr Letztes gebe und doch spüre, daß sie mehr könne. Don antwortete ihr: »Die einzige Möglichkeit, dein Bestes zu geben, ist, wenn du dich mit dem Besten umgibst.« In Don hatte sie wieder jemanden gefunden, den sie respektierte und bewunderte, und sie war beinahe glücklich.

Zurück zum Theater

Meryl war auf eine ganz stille Art zufrieden. Sie wußte nicht warum, war aber zuversichtlich und lebte beinahe in einem Gefühl von Vorfreude. Worauf, das war ihr egal, der Zustand genügte ihr für den Moment. Sie genoß jeden Tag, fing aber bald an, sich nach dem Theater zu sehnen. Die Filmerei war gut und schön, aber die langen Wartezeiten zwischen den Szenen langweilten sie wahnsinnig. »Es geht nichts über den Vorhang, der um acht Uhr hochgeht und um elf fällt«, sagte sie. Und sie überlegte, was sie als nächstes tun könnte, bis Joseph Papp sich bei ihr meldete. Er wollte DER WIDERSPENSTIGEN ZÄHMUNG aufführen und fragte, ob sie interessiert sei. Sie war. Vorher wollte sie allerdings kurz nach Hause, um sich von ihrer Mutter ein bißchen verwöhnen zu lassen. Einfach nur wieder Kind sein und auftanken. Dann könnte sie der Welt erfrischt entgegentreten.

Als sie zurückkam, begannen die Proben, die – wie üblich – in der Lafayette Street stattfanden, in denselben Hallen, wo sie einst ihre Liebe gefunden hatte. Ihr Co-Partner war Raul Julia, er spielte den Petruchio. Die zwei kannten sich von THE CHERRY ORCHARD und bewunderten sich gegenseitig. Die Proben, wie auch die Aufführungen später, waren einzigartig. Meryl gab ihr Bestes. Sie spielte gegen ihre Erinnerungen an und fand in Julia einen ebenbürtigen Partner. Der spürte das und sagte: »Ich war jemand anderes, und Meryl war sich dessen schmerzlich bewußt.«

Unter ihren weitgebauschten Röcken trug sie Knieschützer, die ihre vielen Stürze abschwächen sollten. Außerdem hatte sie auf Schuhen mit zehn Zentimeter hohen Absätzen bestanden, weil sie neben dem langen Raul nicht wie ein Zwerg aussehen wollte (Meryl ist 1.70 Meter groß). Wilford Leach, der Regisseur, ließ seine Schauspieler ewig lange

proben, es wurden Marathon-Workshops. Aber sie war froh darüber, denn es lenkte ihre Gedanken in eine andere Richtung.

Ein anderer Regisseur, Karel Reisz, der sie später für seinen Film DIE GELIEBTE DES FRANZÖSISCHEN LEUTNANTS engagieren sollte, hatte sie dort beobachtet und sagte über ihre Darstellung als Kate: »Sie spielte wie ein verwegener Musketier, ihr war nichts zu gefährlich. Ich war stark beeindruckt von diesem Temperament und dieser Selbstaufgabe.« Und Joseph Papp schwärmte: »Meryl ist ungeheuer risikofreudig. Sie gibt immer ihr Letztes – physisch und emotional. Ich dachte oft, sie bricht sich jeden einzelnen Knochen, wenn sie sich auf den Boden warf. Es gibt nur wenige Vollblutschauspielerinnen, und Meryl ist eine von ihnen. Man sieht es ihrem Gesicht an, ihre Wangen werden feuerrot, und ihre ganze innere Anspannung, ihr totales Engagement werden plötzlich sichtbar.«

Hochzeit

Als Don zurückkam – die Freundin war noch in London geblieben –, nahm das Schicksal seinen Lauf. Er richtete Meryl ein Zimmer in seinem Loft ein und sagte, daß sie bleiben könne. Aber die Mühe hätte er sich sparen können, denn zwei Monate später waren sie verheiratet. Heimlich still und leise hatte die Hochzeit im Haus von Meryls Eltern stattgefunden, nur die Familie und die engsten Freunde waren anwesend gewesen. Jeder war verwundert, und man fragte sich, warum sie so überstürzt gehandelt hatten, aber weder Don noch Meryl äußerten sich je darüber. Cazale war gerade erst seit sechs Monaten unter der Erde. Und in London glaubte eine Ballettänzerin, daß ihre Welt noch in Ordnung sei.

Die Ehe veränderte Meryl, sie wurde noch introvertierter. Ihr Privatleben blieb von nun an privat, sie wollte nicht mehr, daß man über sie schrieb, und verhielt sich äußerst scheu der Presse gegenüber. Alles, was sie wollte, war arbeiten und ansonsten in Ruhe gelassen werden. Ihr junges Leben war wie eine Fahrt mit der Achterbahn gewesen, doch nun war die Reise zu Ende, sie hatte wieder festen Boden unter den Füßen.

Von nun war das Glück wieder auf ihrer Seite. Ihr nächstes Projekt war ein Film mit Woody Allen, ein Traum, den sie schon lange hatte. Sie spielte seine Ex-Frau in MANHATTAN, die sich in eine andere Frau verliebt und ihn deshalb verläßt. Obwohl die Drehdauer nur drei Tage betrug, genoß sie das Arbeiten mit Allen, fand den Film selbst aber höchst ärgerlich: »Ich hasse diese Pseudo-Schinken, wo die Leute ständig ihre Gefühle und Neurosen diskutieren müssen.« Kein Wunder.

Erfolg ohne Ende

Reif für das Theater

Oscar Time

Sie bringt ihren Sohn ins Bett, packt die Sachen und sagt ihrem Mann, daß sie ihn verläßt. Für immer. Und dann geht sie. Mit ihrer Rolle als Joanna im Film KRAMER GEGEN KRAMER gelingt Meryl der Durchbruch. Vorher hatte man sie als großartige Theaterschauspielerin geschätzt, jetzt war sie ein Filmstar.

Vier Tage nach ihrer Hochzeit war Meryl zum Vorsprechen für den Film gegangen. Ihre winzige Rolle in JULIA hatte keine großen Wellen geschlagen, und die Filme DIE DURCH DIE HÖLLE GEHEN und DIE VERFÜHRUNG DES JOE TYNAN waren noch nicht in den Kinos. In Hollywood kannte also noch niemand Meryl Streep. Und als Robert Benton für sein Scheidungsdrama nach der richtigen Frau suchte, die neben Dustin Hoffman eine gute Figur machen würde, war er erst skeptisch. Doch als Meryl gegangen war, hatte sie einen bleibenden Eindruck bei dem Regisseur hinterlassen. Sie hatte sich nicht nur gezeigt, sie hatte auch Stellung genommen zu dem Thema. So wie die Rolle im Drehbuch stand, war sie ihrer Meinung nach verkehrt. Das sagte sie den anwesenden Herren – neben dem Regisseur waren noch Dustin Hoffman und der Produzent Stanley Jaffe da – in aller Deutlichkeit. Joanna war zu böse beschrieben, zu sehr aus der Sicht eines Mannes, für den die Frau an den Herd gehört. Für ihn war sie eine Rabenmutter. Aber das Problem war vielschichtiger. Der Druck für Joanna, Kind, Ehe und Karriere zu managen, war einfach zu groß geworden. Sie konnte nicht mehr. Ihr Selbstbewußtsein war auf dem Nullpunkt angelangt, sie konnte gerade noch sehen, daß sie da raus mußte. Ted (Dustin Hoffman), ihr Mann, ist natürlich schockiert, er war so sehr mit sich selbst beschäftigt, daß er nicht im Traum daran gedacht hatte, Joanna könne ihn verlassen. Selbst noch an der Fahrstuhltür redet er nur über sich. Mit einem letzten Aufbäumen seines männlichen Egos versucht er, sie zum Bleiben zu zwingen. Aber es ist zu spät. Sie muß sich selbst befreien, um ihr Kind zu retten. Und das macht aus ihr nicht unbedingt eine schlechte Mutter. »Sie faßte in Worte, was wir fühlten. Wir hatten nie verstanden, warum eine Mutter Mann und Kind verläßt«, sagte Benton. Meryl wollte auch unbedingt durchsetzen, daß Joanna nicht nur am Anfang, sondern noch einmal am Ende auftaucht, um ihre Motivation deutlich zu machen. Das würde alle Urteile und Vorurteile über sie ins Wanken bringen, mit anderen Worten, eher der Wirklichkeit entsprechen. Das Studio sträubte sich anfangs dagegen, schließlich hatte man 200.000 Dollar für das Drehbuch gezahlt, und es sollte dabei bleiben, daß Joanna von aller Welt angeklagt wurde. Später gab man nach.

Meryls Rolle war nur kurz, aber sehr wichtig, und sie bereitete sich so intensiv darauf vor, als ob es die Hauptrolle wäre. Sie wollte wie Joanna denken, um wie Joanna zu fühlen. Also begann sie zu recherchieren. Sie fragte ihre Mutter, die zwar gearbeitet hatte, aber doch die meiste Zeit im Haus für Mann und Kinder dagewesen war. Sie befragte deren Freundinnen, typische Hausfrauen aus New Jersey, und war schockiert, als sie die Antworten hörte. An irgendeinem Punkt in ihrem Leben wollte jede schon einmal das Handtuch schmeißen. Das Gefühl war keine Hollywood-Idee, es entsprach der Realität. Sie las Zeitschriften, die Joanna sich gekauft haben könnte, und immer wieder wurde dort über Frauen geschrieben, die Kinder und Karriere spielend unter einen Hut brachten. »Eine Frau muß ganz einfach in der Lage sein, beides zu managen, sonst gibt es keine Karriere«, war da zu lesen.

Was aber, wenn sie das nicht miteinander vereinbaren konnte? Wenn ihr das alles über den Kopf wuchs? Hieß das, daß sie dann verzichten mußte? Warum wurde eine Frau verurteilt, weil sie sich für sich selbst entschieden hatte? War das nicht ihr gutes Recht? Meryl suchte nach Antworten. Sie ging auf die Spielplätze von Manhattans Upper East Side und belauschte die Gespräche der Mütter. »Keine der Frauen hatte sich je träumen lassen, daß ihr Leben mal so aussehen würde. Ob sie nun Haushaltshilfen hatten oder nicht, das machte keinen Unterschied. Es war schlichtweg eintönig.« Sex war ein anderes großes Thema. Nie, schien es, wollten es Mann und Frau zur gleichen Zeit. »Manchmal, sagten die Frauen, wollten die Männer nur, weil sie wußten, daß sie nicht wollten. Und wenn sie nachgaben, fühlten sie sich noch schlechter als zuvor.« Je mehr sie davon hörte, desto besser verstand sie Joanna. Meryl war jetzt innerlich bereit, die Rolle zu übernehmen. Und sie brachte es fertig, daß ganz Amerika Tränen vergoß.

Wenn ihr die in den Mund gelegten Sätze nicht ehrlich und echt klangen, änderte sie sie. So auch den Dialog im Restaurant, wo Joanna ihrem Mann verkündet, daß sie das Sorgerecht beantragen will. Mit dieser Nachricht wollte Meryl erst am Ende des Gespräches rausrücken, statt bereits am Anfang, wie es im Drehbuch stand. Es erschien ihr gefühlsmäßig richtiger. Aber Hoffman war dagegen. Er wurde so wütend, daß er ein Weinglas nach ihr warf. Die Szene mußte abgebrochen werden. Meryl gab zu: »Ich habe ihn verrückt gemacht. Aber Dustin will der größte Schauspieler aller Zeiten sein, klar, er möchte, daß seine Co-Stars gut sind, aber auch wieder nicht zu gut. Ich versteh' das. Ich bin genauso. Wir sind aus demselben Holz geschnitzt, stark und zielstrebig.« Benton: »Jemand, der so besessen ist von seiner Arbeit wie Hoffman, macht es den Leuten verdammt schwer, die mit ihm arbeiten.« Aber Meryl setzte sich wieder durch.

Hoffman haßte ihren Mut, doch er respektierte sie. Und als er erkannte, daß sie nicht für sich kämpfte, sondern für die Szene, beruhigte er sich. Aber es ließ ihn nicht los. Während der Pause fragte er seinen Filmsohn: »Mit wem möchtest du lieber leben?«, und als der antwortete: »Mit ihr, sie ist netter«, war alles aus. Die Filmcrew bog sich vor Lachen, und Hoffman zischte: »Ach ja? Dann arbeite mal fünf Wochen lang mit ihr, und dann sprechen wir uns wieder.« Am Ende der Dreharbeiten hatte er allerdings seine Meinung über Meryl geändert: »Sie arbeitet 20 Stunden am Tag – wie ein Ochse. Ich habe große Achtung vor ihr.«

Das Eheleben schien ihr tatsächlich unsagbare Kräfte zu verleihen. Sie war so in Fahrt, von nichts und niemandem aufzuhalten. Wenn ihr etwas nicht gefiel, machte sie den Mund auf. Schüchtern schien sie die längste Zeit gewesen zu sein. Sie beharrte auf ihrem Standpunkt und überzeugte die anderen. Immer und immer wieder. Aber in Benton hatte sie auch einen willigen Zuhörer. Nicht jeder Regisseur hätte ihr so oft nachgegeben. Wie zum Beispiel bei der Gerichtsszene, in der über das Sorgerecht für das Kind entschieden werden soll. Ihr gefiel das, was im Drehbuch stand, wieder nicht. Benton hörte mit einem Ohr zu und sagte, sie solle sich doch mal Gedanken ma-

chen. Am nächsten Tag überreichte sie ihm die Ände-
rung – handgeschrieben. Er las es und übernahm alles
Wort für Wort.

Die Gerichtsszene war die langatmigste Szene – sie dauerte von morgens bis abends und bestand aus zehn lang-
weiligen Einstellungen: Nahaufnahmen, long shots, me-
dium shots und so fort. Doch Meryl ließ sich nichts
anmerken. Sie blieb den ganzen Tag über gleich konzentriert. »Die letzte Einstellung zeigte Hoffman, Meryl war nur
zu hören. Als wir uns am Ende alle zu ihr umdrehten,

stand sie da, in Tränen aufgelöst. Selbst dafür hatte sie alles gegeben«, schwärmte Benton.

Am Abschluß gab der Regisseur eine Party für seine Crew. »Ich mußte Meryl auf Knien bitten zu kommen.« Die Öffentlichkeit war etwas, das sie zutiefst verabscheute. Das schicke Restaurant auf der Upper East Side war von Fotografen belagert, aber niemand kümmerte sich um die schmale Frau mit dem blassen Gesicht. Sie waren alle nur hinter Dustin her. Das sollte sich allerdings bald ändern. Weniger als 15 Minuten auf der Leinwand brachten ihr 1980 den Oscar als beste Nebenrolle ein und damit auch die verhaßte Berühmtheit. Denn so selbstsicher und selbstbewußt sie auch auf der Leinwand erscheint, wenn sie in Sachen Meryl Streep öffentlich auftreten soll, ist sie nervös und scheu. Bei der Oscarverleihung war sie so aufgeregt, daß ihr die Zettel mit der kurzen Rede aus der Hand fielen. Anschließend rannte sie sofort zur Toilette, wo sie die Trophäe promt vergaß.

Reif für das Theater

Nach drei Filmen sehnte Meryl sich wieder zurück zum Theater. »Ich wollte mich austoben, alles vergessen, frei sein, spontan sein.« Sie wollte hüpfen und springen wie ein Kind. Kinder scherten sich nicht darum, was man über sie dachte. Und die richtige Rolle dafür war auch vorhanden, und zwar in dem Musical ALICE IN CONCERT nach dem Stück ALICE IN WONDERLAND. Es wurde an Papps Public Theater aufgeführt. Meryl flippte beinahe aus, sie sang, turnte über die Bretter, lutschte am Daumen, hüpfte als Alice, das kleine Mädchen, durch das Wunderland. Aber Papp ließ die Show nach drei Tagen absetzen. »Meryl ist kein Kind mehr, sondern eine Erwachsene, die versucht, ein Kind darzustellen, und am Ende der Vorstellung sind wir davon überzeugt, daß Alice groß, blond und lieblich ist – ganz so wie Meryl Streep.«

Nach dem Mißerfolg von ALICE wollte Papp ein Stück von seiner Entdeckung, dem Drehbuchautor Thomas Babe, aufführen. »Für mich war es Babes bestes Werk«, sagte er, »es brodelte nur so von weiblicher Energie – hervorragend.« Meryl, die mittlerweile seit sechs Monaten Mrs. Gummer hieß, gefiel TAKE IN MARRIAGE auch, und sie übernahm den Part der Schwester der Braut. Noch dabei waren die Brautmutter und eine Tante und als Überraschungsbonbon eine Stripperin, die die Männer als Gag engagiert hatten. Diese fünf Frauen warteten im Keller der Kirche auf die Männer, damit die Probe für die Trauungszeremonie stattfinden konnte. Um sich die Zeit zu vertreiben, klatschten und tratschten sie über Gott und die Welt, und als das große Schweigen eintrat, weil alles gesagt war, schlug die Stripperin vor, zu tanzen. Die Choreographie dafür kam von Harry, Meryls Bruder. Er ließ die Braut einen Volkstanz aufführen, die Mutter ein bißchen auf dem Stuhl hin- und herrutschen, die Tante schunkeln und Meryl nur verlegen die Füße bewegen. Diese Bewegungen sagten mehr über die Frauen aus, als das, was sie von sich gaben. Und die Kritiker waren wieder voll des Lobes – vor allem für Meryl.

Ihr Ruhm war jedesmal hart erkämpft. Sie starb tausend Tode auf der Bühne, und am Ende war sie stets klatschnaß. Eine einfache Erklärung für ihr Lampenfieber ist, daß sie immer zu hohe Anforderungen an sich selbst stellt. Sie ist zu selbstkritisch. Dazu kam die Angst, die Kritiker, die sie auf Händen trugen, zu enttäuschen. Wer so schnell hochgekommen ist, wer von Regisseuren und Produzenten hört, daß er jede Rolle spielen kann, und wer noch nicht einmal weiß, wie er in die Charaktere schlüpft, ist ein gefundenes Fressen für Paranoia. Dazu gehören ihre Aufregung vor Premieren, die ihr den Atem nimmt, sie lähmt, bis die Zeitungen mit den Kritiken raus sind, die Schuldgefühle, wenn sie wieder nur die einzige ist, die gelobt wird, und die Anrufe von Produzenten und Journalisten, die mit der »größten Schauspielerin seit Jane Fonda« sprechen wollen. Das alles machte sie verrückt. Ihre einzige Waffe: das Scheinwerferlicht meiden wie der Vampir den Tag.

Meryl sehnte sich nach Ruhe, Geborgenheit und Anonymität – mehr denn je. In einer kalten Januarnacht stellten sie und Don sich vor, wie es wäre, wenn sie ein Baby hätten. Sie wollte nur noch Mutter sein, Babyjäckchen stricken, saure Gurken mit Schlagsahne essen und ihren dicken Bauch bewundern. Aber diese Sehnsucht dauerte nicht lange an. Sie war eine Vollblutschauspielerin, die Bühne und Film braucht wie ein Fisch das Wasser. Nie würde sie ihre Karriere an den Nagel hängen. »Gott sei dank ist Don auch ein Künstler, er versteht mich und weiß, wie es in mir aussieht, wenn ich nicht arbeiten kann.« Und Don sagt über seine Frau: »Meryl hat gelernt, Kunst zu betrachten, und ich, Leute zu beobachten. Es gibt so viele Stufen der Liebe, und unsere ruht fest auf dem Fundament des Vertrauens. Wir sind unsere besten Freunde.« Ein schöneres Kompliment kann sich keine Frau wünschen.

Oscar Time

Endlich war DIE DURCH DIE HÖLLE GEHEN in den Kinos, und nicht nur das, der Film war für den Oscar vorgeschlagen worden. Meryl und Don flogen deshalb nach Los Angeles und stiegen im Beverly Hills Hotel ab. In dieses Hotel kommt man nur, um zu sehen und gesehen zu werden. Aber das war den beiden nicht bekannt. Froh, dem kalten New York für ein paar Tage entkommen zu sein, stieg Meryl in ihren Badeanzug, einen blauen Einteiler, und machte einen Köpfer in den Pool, der nicht zum Schwimmen da war, sondern zum Drumrumsitzen. Sie fiel auf, aber nicht, weil sie Meryl Streep war, sondern weil sie die Regeln der Gesellschaft nicht befolgte. Ihre erste Begegnung mit Hollywood.

So sehr sie Massenveranstaltungen haßte, diesmal hatte sie es für ihren toten Geliebten getan. Und wenn sie den Oscar gewonnen hätte, hätte sie ihre Ansprache John Cazale gewidmet. »Ich habe den Film sieben Mal gesehen, und jedesmal brach es mir das Herz, John zu sehen. Ich fühlte, daß ich ihm das schuldig war.« Meryl war furchtbar nervös, als sie sich für die große Nacht fertig machte. 500 Millionen Zuschauer würden sie beobachten, Grund genug, um im Boden zu versinken. In ihrem New-Jersey-Partykleid und ohne Make-up klammerte sie sich an Dons Arm. Das Haar hing ihr lang auf die Schultern runter. Doch niemand erkannte sie, und niemand sah richtig hin – weder im Hotel noch sonstwo – aber so manch einer wunderte sich, was dieses verhuschte Mäuschen hier zu suchen hatte. Leider oder zum Glück wurde sie nicht aufgerufen. Der Preis für die beste Nebenrolle ging an eine andere. Ein Jahr später ist sie wieder in Los Angeles, und wieder trägt sie ein unmögliches Kleid. Das weiße Pique-Ensemble mag der letzte Schrei in Mystique gewesen sein, wo ihre Mutter lebte, die es ihr auch gekauft hatte, aber hier tat es den Augen der verwöhnten Stars und Journalisten weh. Doch als diesmal ihr Name aufgerufen wird, sieht jeder nur dieses entwaffnende Lächeln und ab und zu eine Beule in der rechten Wange. »Holy makarel!« brachte sie nur raus, und dann, etwas später: »Ich kann nicht hören, was ich sage, weil mein Herz so laut pocht.«

Meryl hatte den Oscar für die beste Nebenrolle gewonnen. KRAMER GEGEN KRAMER wurde noch mit drei weiteren Oscars ausgezeichnet. Die Presse hüllte sie in einen Blitzlichtregen, und Meryl fing an zu schwitzen. Aber diesmal klammerte sie sich nicht an Dons Arm, sondern an den Oscar, den eine aufgeregte Journalistin ihr von der Damentoilette nachgetragen hatte.

Mutterglück

Ein Häuschen im Grünen

Der Traum aus der kalten Januarnacht war wahr geworden: Meryl sah Mutterfreuden entgegen. Aber es war ganz anders, als sie es sich vorgestellt hatte. Statt auf rosa und himmelblauen Babywolken zu schweben, langweilte sie sich. Sie langweilte sich so sehr, daß sie einwilligte, eine Party zu geben. Ihre Agenten lagen ihr damit sowieso schon lange in den Ohren. Sie zeige sich nicht genügend in der Öffentlichkeit, ihr Stern würde sinken, noch bevor er richtig aufgegangen sei … Klappern gehört nun mal zum Handwerk, ob es ihr gefiel oder nicht. Das leuchtete ein, wäre aber noch lange kein Grund für Meryl gewesen, sich der Qual einer öffentlichen Party auszusetzen. Sie tat es einzig und allein, weil sie sich dick, tolpatschig und nutzlos fühlte, obwohl sie erst im vierten Monat war.
Für die Gäste und die Journalisten sah es aus, als ob Meryl den Spaß ihre Lebens hätte. Sie stopfte ein großes Stück Torte in Norman Mailers Mund, posierte freiwillig für die Fotoreporter, sprühte vor Witz und Charme und war schön wie nie. Sie gab den Ton an, und Don hielt sich unauffällig im Hintergrund. Die Presse witterte Eheprobleme. Als es keinen Aufhänger gab, wendete man das Fähnchen und lobte das junge Paar, das so gut zusammenpaßte und alles Glück der Welt für sich gepachtet zu haben schien. Nach-

dem das Party-Karussel einmal angeschoben worden war, drehte es sich weiter. Eine Woche darauf gaben ihr Agent und ihr Anwalt eine verspätete Hochzeitsparty für Meryl und Don. Doch das war ihr bereits zuviel. Sie litt tausend Tode und wünschte sich ans andere Ende der Welt. Tennessee Williams staunte: »Es ist kaum zu glauben, daß dieses süße, schüchterne Wesen meine Flora gewesen sein soll.« Die Leute waren so überschwenglich, daß es ihr zum Hals raushing. Und hinter ihrem Rücken wurde weitergetuschelt: »Das kann nicht lange gutgehen, sie ist viel zu talentiert, sie wird schon noch merken, daß er nur ein Klotz am Bein für sie ist. Jetzt hat er sie auch noch geschwängert.« Gummer wurde akzeptiert, weil Meryl ihn geheiratet hatte. Aber das hieß nicht, daß man ihn mochte oder Rücksicht darauf nahm.

Meryl hatte die Nase voll von dem Hollywood-Getue. Das war nicht ihre Welt und würde es nie sein. Sie wollte weg. Sie brauchte Abstand, es war alles zuviel gewesen in der letzten Zeit. Und so beschlossen Don und Meryl zu verreisen. Am besten nach Europa, dort könnte sie sich von dem Streß erholen, denn dort kannte man sie noch nicht. Voller Vorfreude wälzten die beiden Reiseprospekte und träumten mit dem Finger auf der Landkarte – sie flanierten durch die Straßen von Rom, spielten in Frankreich Schloßherr und Schloßherrin und ließen sich in Spanien an der Costa del Sol braten. Schließlich fuhren sie nach England. Nicht ganz freiwillig allerdings. Ihre Agenten hatten sie dazu überredet, per Schiff nach Europa zu fahren. Sie sollte die Queen Elizabeth II. nehmen, das hatte Stil und würde sich gut machen in der Presse.

Von Erholung konnte die ersten Tage keine Rede sein, Meryl war der Star auf dem Ozeandampfer. Wenn sie und Don in den Deckstühlen lagen und sich entspannen wollten, waren sie immer von einer Schar von Autogrammjägern umringt. Doch das legte sich bald, der natürliche Fan-Fluß war schließlich erschöpft – es kamen ja keine neuen dazu. Von nun an genoß das junge Paar den Five-o'Clock-Tea und schwelgte in den Schlemmereien des Mitternachtsbuffets. Die Leute nickten ihnen freundlich zu, und sie nickten ebenso freundlich zurück. Die Erholung hatte begonnen. Sie atmeten die gesunde Seeluft ein und führten lange Gespräche miteinander. Die meisten drehten sich natürlich um das Baby. Es gab so vieles zu besprechen. Wie sollten sie es erziehen? Wie könnte man ihm Freude an der Literatur, Kunst, Musik und dem Theater vermitteln, ohne penetrant zu sein? Was wäre, wenn das Kind damit nichts zu tun haben wollte? Und – wie würde es aussehen, wenn sie nun bald nicht mehr allein, sondern zu dritt wären?

Wieder in New York angekommen, richtete Meryl eine Babyecke ein. Die Mutterfreuden hatten sie eingeholt. Sie begann, alles über Schwangerschaft und die ersten Monate mit dem Baby zu lesen. Sie informierte sich über die natürliche Geburt und wollte ihr Kind zu Hause bekommen. Nachmittags ging sie oft in den Battery Park am Hudson River, wo eine von Dons Riesenskulpturen aufgestellt war, und träumte. Seine Werke gaben ihr immer noch das Gefühl unendlicher Vertrautheit, und sie fühlte sich ihm so nah wie noch nie. Abends nahmen beide Baby-Unterricht und übten Wickeln und richtiges Atmen. Aber es kam alles ganz anders.

An einem Dienstagabend im November 1979 jagte Don mit seiner hochschwangeren Frau ins New York Hospital, weil sie furchtbare Schmerzen hatte. Die Ärzte diagnostizierten eine Steißlage – es mußte operiert werden. Kurze Zeit später waren Meryl und Don stolze Eltern eines gesunden Jungen. »Es war nicht so schlimm, wie es sich anhört«, lächelte sie. »Don war die ganze Zeit bei mir und nahm das

Baby gleich nach der Geburt auf den Arm.« Das einzige Problem war der Name. Sie hatten fest mit einem Mädchen gerechnet. Nach kurzem Hin und Her nannten sie das kleine Bündel Henry. Schlicht und ergreifend. Aber noch bevor Henry sich an seinen Namen gewöhnen konnte, wurde er Gippy gerufen.

Gippy war, wie jedes Baby, ein Fulltimejob für seine Mutter. Und sie stürzte sich in diese Rolle mit der ihr eigenen Verbissenheit und Sorgfalt. Sie wollte perfekt sein und natürlich alles richtig machen. Hatte sie bislang eher in der Gegenwart gelebt, so fing sie jetzt an, sich um die Zukunft zu sorgen. »Wenn man Single ist, denkt man nicht an morgen, aber wenn man verheiratet ist, schmiedet man plötzlich Pläne für die nächsten 20 Jahre. Und wenn man Mutter ist, wünscht man sich für sein Kind eine sichere Zukunft. Dieses Kind wird weit in das nächste Jahrtausend hinein leben, und seine Generation wird sich mit den Problemen auseinandersetzen müssen, für die wir verantwortlich sind.« Mit der Geburt ihres Kindes fing Meryl an, ihr Leben ernst zu nehmen, sich zum ersten Mal damit auseinanderzusetzen. In ihr erwachten politische Interessen. Sie informierte sich über Umweltverschmutzung, Erschöpfung der natürlichen Quellen und begann, ihren Abfall zu recyceln.

Doch dann kehrte sie wieder zu ihrem früheren Leben zurück. An erster Stelle war sie immer noch Schauspielerin. Und was für eine. Die Presse feierte sie als neuen Star. Der New York Film Critics Circle ehrte sie für ihre Filme DIE VERFÜHRUNG DES JOE TYNAN und KRAMER GEGEN KRAMER. Für ihre Rolle als Joanna erhielt sie nicht nur den Oscar, sondern auch den Golden Globe Award und den Los Angeles Film Critics Award. Zu Hause stapelten sich die Trophäen. Meryls Skulpturen konkurrierten mit denen ihres Mannes. Ständig wurde über sie geschrieben. »Eine Zeitlang waren die Titelseiten voll von mir und dem Ayatollah«, meinte sie später lachend. Der Hasty Pudding Club von der Havard University wählte sie zur Frau des Jahres. Jetzt gehörte sie zur Creme de la Creme. Mit dieser Ehrung waren so große Darsteller wie Katharine Hepburn, Elizabeth Taylor, Bob Hope, Paul Newman und John Wayne ausgezeichnet worden. Natürlich freute sie sich, aber der plötzliche Ruhm blieb ihr fremd und unheimlich. So als ob das alles mit jemand anderem passieren würde.

Am Abend der Preisverleihung des New York Film Critics wurde Gippy krank. Meryl blieb zu Hause wie schon damals, als John Cazale im Sterben lag. Ihr Vater nahm den Preis an ihrer Stelle in Empfang. Verfolgt von der Vergangenheit, war sie außer sich vor Angst. Don versuchte, sie zu beruhigen, aber Gippys Zustand verschlechterte sich von Minute zu Minute. Seine kleine Stirn war glühend heiß, und seine Wangen waren rotgefleckt. Als sie es nicht mehr aushielt, fuhren sie mit ihm ins Krankenhaus. Doch mit Gippy war alles in Ordnung. Es handelte sich um eine ganz normale Fiebererkrankung bei Kleinkindern. Dieser Vorfall machte Meryl jedoch deutlich, daß sich ihr Leben verändert hatte. Von jetzt an wollte sie ihr Baby keine Minute mehr aus den Augen lassen. Mit Gippy nicht reden zu können hatte sie halb verrückt gemacht – der kleine Kerl konnte ihr ja nicht sagen, was ihm fehlte. Ihr war klargeworden: Sie mußte unbedingt einen Weg finden, Privatleben und Beruf miteinander zu vereinbaren, ohne bei dem einen oder anderen Abstriche machen zu müssen. Sie wollte alles, auf nichts verzichten.

Aber das war nicht so einfach. Der Beruf verlangte mehr von ihr, als sie dachte. Alan Alda bat sie, für DIE VERFÜHRUNG DES JOE TYNAN mit auf PR-Tour nach England zu fliegen. Das war nicht nur für sie, sondern auch für den Film wichtig, und sie konnte schlecht absagen. Don war in New York gebunden, er arbeitete an einer neuen Skulptur und stand unter Zeitdruck. Was sollte sie tun? Sie konnte Gippy doch nicht mit zu jedem Interview schleppen. Schließlich bot sich ihre Mutter an, mitzukommen. Sie würde auf Gippy aufpassen, während Meryl ihre Termine bei den Fotografen wahrnahm und Fragen der Presseleute beantwortete. Die drei flogen mit der Concorde, um die Reisezeit abzukürzen. Das Baby sollte so wenig wie möglich gestreßt werden.

Ein Häuschen im Grünen

Wieder zurück in New York stellte sie ein Kindermädchen ein, das an zwei Nachmittagen pro Woche das Baby hüten sollte. Und nun machte sie sich auch auf die Suche nach einem neuen Zuhause. Das Loft war zu klein geworden, und New York hatte seinen Reiz für sie verloren. Ihre Prioritäten hatten sich verschoben. Außerdem fand sie die Vorstellung, ein Kind in Manhattan großzuziehen, nicht verlockend. Der Verkehrslärm, der Schmutz und die Hektik störten sie immer mehr. Sie wollte raus aus der Stadt, sehnte sich nach Grün und Weite und viel Platz für einen kleinen Jungen, der gesund und sicher aufwachsen sollte. Das neue Zuhause sollte so weit weg sein, daß man nachts die Sterne sehen konnte, mußte aber noch nah genug sein, um die Stadt in ein, zwei Stunden erreichen zu können.
Ihre Vorstellungen waren bescheiden. Ihr schwebte kein Landsitz, nichts Protziges, eher etwas Einfaches vor. Schließlich fand sie das ideale Zuhause in Connecticut: ein Stückchen Land mit einem See und einem Landhaus. Es lag auf einem Berg und war ideal für eine junge Familie. »Wir haben eine Weihnachtsbaumschule gekauft mit einem

voll eingerichteten Haus in der Mitte«, schrieb sie an eine Freundin im März 1980. »Ein Traum im Nirgendwo. Es gibt kein Gas und kein elektrisches Licht, und das ist wunderbar. Wir wollen Windmühlen und Solarzellen installieren und so tun, als gäbe es uns nicht auf dieser Welt. Es ist so ruhig hier, genau das, was wir brauchen.«

Von nun an lebt Familie Gummer in einem weitläufigen 3.500 Seelendorf. Hier interessiert es niemanden, was diese blonde Frau, die immer in ausgebeulten Sweatshirts und Trainingshosen durch die Gegend läuft, tut. Hollywood ist weit weg und das nächste Kino auch. Und zum Videogucken hat man hier auf dem Land keine Zeit. Der Inhaber vom örtlichen Lebensmittelladen dazu: »Sie kommt und kauft Vitamine und Weizenkleie, sieht sich um, vergleicht die Preise und ist nicht anders als alle anderen auch. Sie trägt allerdings meist diese riesengroße Sonnenbrille. Aber damit sieht sie eher aus wie jemand, der so tut, als wäre er ein Filmstar. Ihre Schecks unterschreibt sie mit Mary Louise Gummer. Meryl Streep kennt hier keiner.«

Nachdem die Lokalzeitung ihre Adresse veröffentlicht hatte, rannte Meryl aufgebracht in die Redaktion. »Seid ihr verrückt?« schrie sie die Leute an, »wir sind nicht die Kennedys. Wir haben keine Wachmannschaft und keine bissigen Hunde. Soll uns denn jeder in die Töpfe gucken können?« Danach verschärfte sie ihre Sicherheitsvorkehrungen zwangsläufig. Nachdem auf Präsident Reagan ein Attentat verübt worden war, weil John Hinckley, ein besessener Fan von Jodie Foster, dadurch deren Aufmerksamkeit erreichen wollte, ließ sie ein Alarmsystem in ihrem Haus installieren.

Das Landleben veränderte Meryl. Sie wurde ausgeglichener und weniger nervös. Sie hatte sich einen ruhenden Pol geschaffen und schöpfte all ihre Kraft aus diesem Refugium. Sie nahm ihr neues Leben überall mit hin, sogar nach Hollywood. Bei Filmverhandlungen stillte sie ihr Baby, und prompt schrieben die Zeitungen: »Meryl, der verspätete Hippie.« Aber um solche Bemerkungen kümmerte sie sich wenig. Was ihr Sorgen bereitete, waren die Rollen, die sie angeboten bekam. Die meisten davon interessierten sie nicht. »Die Leute denken immer, daß man sich die Charaktere aussuchen kann. Das ist lange nicht so. Es gibt so wenig gutgeschriebene Drehbücher, und wenn man eines findet, hält man es mit beiden Händen fest. Du bezahlst, um den Film machen zu dürfen!«

Dieses Dilemma wurde Meryls ständiger Begleiter. Jedesmal, wenn sie wieder enttäuscht aus Hollywood zurückkam, schwor sie sich, nur noch Theater zu spielen. Ihrem Agenten befahl sie, etwas Außergewöhnliches aufzutreiben. »Oder schieß mich auf den Mond!« sagte sie. »Ich möchte woanders sein, überall, bloß nicht hier. Ich möchte in einer anderen Zeit, an einem anderen Ort sein.«

Der Zufall wollte es, daß Joseph Papp erneut ALICE IN CONCERT vorbereitete. Meryl jubelte. Doch auch diesmal stand die Produktion unter keinem guten Stern. Meryl bekam eine Erkältung, und die Uraufführung mußte verschoben werden. Als das Musical mit einer Woche Verspätung aufgeführt wurde, waren die Kritiken niederschmetternd. Die New York Times lobte zwar Meryls Talent, verriß aber Texte und Songs. Und niemand verstand, warum Superstar Meryl Streep sich zu so etwas herabgelassen hatte.

Doch all das war ihr gleichgültig. Sie war genauso besessen von Alice wie zwei Jahre zuvor. Sie alberte wie eine dumme Göre auf der Bühne rum und spielte alle 20 Charaktere – von der weißen Königin über Alice mit dem Pferdeschwanz bis zu Humpty Dumpty selbst. Ein verzweifelter Versuch, die verlorene Kindheit nachzuholen. Doch vorbei ist vorbei. Sie mußte sich der Gegenwart stellen und an die Zukunft denken.

Zurück zum Film

Eine gute Schauspielerin kann sich von ihrer eigenen Persönlichkeit lösen und ist risikofreudig, denn sie weiß nie, was sie erwartet, wohin die Reise geht. Sie läßt quasi sich selbst in der Garderobe zurück und schlüpft in ihre Rolle wie in ein zweites Ich. Dabei scheut eine gute Schauspielerin keine Mühen. Und wer wie Meryl über solides Handwerkszeug verfügt, arbeitet sozusagen mit Netz und doppeltem Boden und ist vor der völligen Selbstaufgabe sicher. Aber auch einer guten Schaupielerin kann es passieren, daß sie danebentritt, die Grenze überschreitet und es nicht merkt. Wer sich im Griff hat und stark ist, hat nichts zu befürchten, kann jederzeit zurück und seine Balance wiederfinden. Und für Meryls inneres Gleichgewicht war gesorgt. Neben gutem Rüstzeug verfügte sie über ein ausgeglichenes Privatleben. Mann und Kind waren ihr Anker, ihr Mittelpunkt, zu dem sie jederzeit zurückkehren konnte, um sich zu regenerieren und zu entspannen, Kraft zu tanken für den nächsten Schritt. Denn wer wie sie von der Süße der Verwandlung gekostet hat, wird immer wieder rückfällig. Auch wenn der Frust noch so groß ist über das ganze Drumherum, das dieser Beruf mit sich bringt. Meryl fragte sich so oft, warum sie ihre Arbeit nicht machen könnte wie jeder andere auch und dann als Mary

Louise Gummer in der Geborgenheit ihres Hauses verschwinden würde. Doch darauf gab es eine ganz einfache Antwort: Die Medienwelt hatte entschieden, aus Meryl Streep einen Star zu machen.

Eingeengt in diese Zwangsjacke, sehnte sie sich nach Freiheit. Und ihr Stoßgebet wurde erhört. Man schickte sie zwar nicht auf den Mond, aber man bot ihr eine Reise in der Zeitmaschine an. Regisseur Karel Reisz, dem sie seit ihrer Vorstellung in DER WIDERSPENSTIGEN ZÄHMUNG nicht mehr aus dem Kopf gegangen war, fragte an, ob sie an seinem Film DIE GELIEBTE DES FRANZÖSISCHEN LEUTNANTS interessiert wäre, der im 19. Jahrhundert spielte. Meryl griff mit beiden Händen zu. Das war mehr, als sie erwartet hatte. Dieser Film ragte über den normalen Hollywood-Horizont hinaus, hatte mehr Tiefgang. Darüber hinaus sollten die Dreharbeiten in England stattfinden, und das bedeutete, daß sie vorübergehend von allen Verpflichtungen erlöst sein würde.

Nicht weniger als fünf berühmte Schauspielerinnen – unter anderem Vanessa Redgrave, Julie Christie und Glenda Jackson – hatten sich um diese Rolle bemüht. Sie alle erkannten die einmalige Gelegenheit, die diese Rolle einer guten Schauspielerin bot. Aber Reisz wollte Meryl. Und zwar nicht, weil sie mittlerweile ein Star war, was dem Verkauf des Filmes helfen würde, sondern weil sie in seinen Augen die ideale Besetzung war. »Sie hat Shakespeares unterwürfige Worte, die er Kate in den Mund gelegt hat, mit einer solchen Liebe gesprochen, die nur durch Stärke zustande kommen kann«, sagte er. Deshalb war er davon überzeugt, daß es ihr gelänge, die Persönlichkeit der Gouvernante Sarah Woodruff, in elendiger Trostlosigkeit und Verlassenheit lebend, deutlich zu machen. Eine große Herausforderung an Meryls Ausdrucksfähigkeit. Hier waren Gesten und Blicke gefragt, Worte waren nur leeres Beiwerk. Und noch jemand war begeistert von ihr, allerdings nicht auf den ersten Blick – der Kameramann Freddie Francis. Er erinnert sich: »Als ich sie das erste Mal traf, sah sie wie eine ganz normale Frau aus, und ich fragte mich, was in Karel gefahren war. Aber durch die Kamera betrachtet, kam sofort etwas Magisches rüber, und ich verstand. Meryl Streep hat eine Präsenz, die nicht viele Schauspieler haben und die nur von der Kamera wiedergegeben werden kann.«

Das Drama spielte im viktorianischen England und handelte von einer Frau, die sich in den Netzen der Gesellschaft verfangen hatte, weil sie angeblich eine Affäre mit einem französischen Seemann gehabt hatte. Sarah war ein Freigeist mit einer ungestümen Leidenschaft, eine Frau mit einem außergewöhnlichen Charakter, die ihrer Zeit weit voraus war und darum nicht verstanden wurde. Sie hatte ihre eigene Vorstellung von Freiheit, war aber mit zwei Panzerketten bis zur Unbeweglichkeit gefesselt: durch ihre Armut und das 19. Jahrhundert.

Reisz hatte zunächst Schwierigkeiten gehabt, die Geschichte filmreif zu gestalten: Doch seine Idee, das Damals mit dem Heute zu verbinden, setzte der Drehbuchautor Harold Pinter brillant um. Parallel zur viktorianischen verläuft eine moderne Liebesgeschichte, die beide miteinander verbunden werden. Meryl und Jeremy Irons spielen zwei Schauspieler, die sich während der Dreharbeiten zu dem viktorianischen Film ineinander verlieben und als Sarah und Archäologe Charles Smithson, die gegen alle Einschränkungen und Tabus ihres Zeitalters ankämpfen, zueinander finden.

Mit der Rolle der Sarah würde sie den Zugang zum seriösen Film schaffen, das fühlte Meryl. Aber es gab noch etwas, das sie an Sarahs Charakter faszinierte. Diese Geschichte spiegelte auch irgendwie ihr eigenes Leben wider.

In Sarahs Besessenheit von ihrer verlorenen Liebe fand Meryl eine Parallele zu ihrer eigenen Tragödie. Das hatte sie selbst durchlebt. Und wer ihre persönliche Geschichte kannte, wußte nicht, ob es Meryl war oder Sarah, die im Film sagt: »Es gibt Dinge, für die es keinen Trost gibt.« In dieser Szene fleht Charles Sarah an, ihre verlorene Liebe zu vergessen und wieder in die Gegenwart zurückzukehren.

Obwohl sie sich über ihr neues Projekt freute, hatte Meryl doch wieder Angst und war nervös, weil diese Rolle so ungemein wichtig für sie war. Meryl erfand tausend Gründe, warum sie nicht die richtige Besetzung sei: Sie fand sich nicht schön genug, sie hatte keine schwarzen Augen, und sie sprach keinen britischen Akzent. »In der viktorianischen Literatur war Leidenschaft etwas Verbotenes und wurde immer durch die Dunkelheit verkörpert, aber ich bin so blaß – mit schwarzem Haar sehe ich aus wie eine Wasserleiche.« Sie fürchtete sich auch vor Reisz, weil sie in HOLOCAUST mitgespielt hatte, denn er hatte seine Eltern im Konzentrationslager verloren. Aber – wie immer – sie nahm die Herausforderung an und damit 350.000 Dollar, ihre höchste Gage bisher. Für Hollywood nicht viel, aber das war ihr egal – ihr kam es auf Qualität an.

Es gab aber noch mehr Schwierigkeiten mit der Rolle. Meryl hatte sich in den Kopf gesetzt, daß Sarah mit dem viktorianischen Akzent der Mittelklasse sprechen müßte. »Von dieser Idee war sie wie besessen«, erinnert sich Reisz, »wir schlugen ihr vor, ihre Szenen synchronisieren zu lassen.« Aber das war für Meryl undenkbar, eine Beleidigung sogar – eher würde sie sich die Zunge abbeißen. Sie, die Perfektion in Person, konnte den Gedanken nicht ertragen, daß jemand anderes aus ihrem Mund sprechen sollte. Sie litt unter Bauchschmerzen, und es war ihr klar, daß sie eine Lösung finden mußte. Typisch für Meryl: Sie bürdete sich noch mehr Arbeit auf und nahm Sprachunterricht, zwölf Wochen lang, drei Stunden täglich. Und als sie eines Tages einen Anruf von einer alten Freundin bekam, die ihre Stimme nicht wiedererkannte, wußte sie, daß sie es geschafft hatte. Das machte Meryl auf der einen Seite stolz und glücklich, aber es erschreckte sie auch. Bis zu diesem Telefonat war ihr die Verwandlung nicht bewußt gewesen, und sie fragte sich, ob sie sich nicht eines Tages selbst verlieren könnte.

Meryl wäre gern die richtige Besetzung für die Rolle gewesen, die Schauspielerin, die sich einfach hingestellt und losgespielt hätte, ohne all diese Vorbereitungen. »Warum muß ich mir das Leben immer so schwermachen?« vertraute sie einer Freundin an. Aber so war sie halt. Den Weg, Sarah darzustellen, hatte Meryl nun gefunden, nur mit ihrem Charakter kam sie noch nicht zurecht. »Die Gründe für ihr Verhalten waren so vage. Ich wußte lediglich, daß sie Ambitionen hatte.« Erschwerend kam hinzu, daß sie nach außen kühl und distanziert wirken mußte, während in ihrem Inneren ein Vulkan brodelte, denn im prüden viktorianischen England, wo so vieles unter den Tisch gekehrt wurde, ging man sparsam mit seinen Gefühlen um. »Ich durfte nicht übertreiben, aber der Zwiespalt mußte deutlich werden.« Auf einem ihrer langen Spaziergänge an der sturmgepeitschten Küste des kleinen Fischerdorfes, in dem die Dreharbeiten stattfanden, kam ihr die Lösung: Sie würde jeden Monolog wie einen Dialog mit sich selbst spielen. »Meine Augen würden die Wahrheit sagen, aber mein Mund würde lügen.« Eine weitere Unterstützung dafür waren ihr auch die Kostüme, weitgebauschte Röcke und wallende Capes, die sie zeigten, aber verdeckten, wie es darunter aussah.

Von ihrem Geld konnte sie sich eine Kinderfrau für Gippy leisten und beide, plus Ehemann natürlich, mit nach England nehmen, denn die Dreharbeiten sollten vier Monate dauern. Doch Don konnte nur einen Monat bleiben, und sie mußten sich trennen. Sie litten beide sehr darunter, nicht nur, daß sie sich so lange nicht sehen würden – Gippy würde drei Monate älter sein, wenn sein Vater ihn wiedersah. Don war traurig, aber er verstand seine Frau, er würde ihr immer alle Freiheiten lassen und sie nie einsperren, so weh es ihm auch manchmal tat. Die Telefonrechnungen stiegen ins Gigantische.

Meryl versuchte, sich auf ihren einsamen Spaziergängen am Meer mit Sarah bis zur Selbstaufgabe anzufreunden. Aber im Gasthaus, in dem alle wohnten, war sie Meryl, die Mutter des Babys. Sie stillte Gippy, wechselte seine Windeln und war zufrieden mit sich und der Welt. Sie war freundlich zu jedermann, zeigte aber sofort ihre Stacheln, wenn man ihrem Kind zu nahe kam. »Keine Fotos, keine Interviews!« sagte sie und verlangte, daß sich die Reporter daran hielten. Die Kollegen fanden sie nett, aber reserviert, und Meryl ihrerseits fühlte sich abgelehnt. Sie war immer noch eingeschüchtert von ihrer neuen Rolle.

Jeremy Irons hatte zunächst Anfangsschwierigkeiten mit diesem amerikanischen Star. »Bei uns gibt es genügend gute Schauspielerinnen«, meinte er, »Warum man sie einfliegen lassen mußte, ist mir ein Rätsel.« Für ihn waren Amerikaner eine besondere Spezies, und obendrein stieß ihn Meryls Perfektionismus ab. »Sie war nie mit dem zufrieden, was sie machte. Meryl kam mir vor wie eine Tigerin, die mich ständig in die Knöchel biß und daran nagte, bis sie eine Lösung gefunden hatte. Und ich versuchte, es so zu machen, wie sie es wollte. Ich wollte keine Konfrontation. Sie ist wahnsinnig stark, weiß, was sie will, und hat immer recht.«

Am Ende jedoch sprach er in anderen Tönen über sie. Er erzählte der Presse, daß ihre Liebesszenen echt und nicht gespielt waren. »Um unserer Szene im Hotelzimmer, wo wir endlich miteinander ins Bett gehen, Glaubwürdigkeit zu verschaffen, mußten Meryl und ich durchmachen, was unsere Charaktere durchlebten. An diesem Tag hatten wir eine Affäre. Aber als die Kameras stoppten, war sie vorüber.«

Meryl war entsetzt, als sie das in der Zeitung las, und beeilte sich, ihrerseits Stellung zu nehmen. Ihre Beziehung sei lediglich schauspielerischer Natur gewesen, sonst nichts. Aber sie wußte, was man denken würde, wenn man die Blicke zwischen den beiden sah, die jedem, der schon einmal verliebt gewesen ist, zeigten, daß hier zwei Menschen standen, die sich innigst begehrten. Und mit einem Mal hatte sie furchtbare Angst, Don zu verlieren, der unter ihrem Ruhm ohnehin schon litt.

Der Film, davon war Meryl überzeugt, würde ihr einen weiteren Oscar einbringen. Und diesmal fand sie, daß sie ihn auch verdient hätte. Soviel Schinderei mußte belohnt werden. Und tatsächlich, 1982 wurde sie für ihre Doppelrolle Sarah/Anna für den Oscar vorgeschlagen. Außerdem hatten die British Academy und die Los Angeles Film Critics sie zur besten Schauspielerin gekürt. Meryl war ganz aus dem Häuschen und lud all ihre Freunde zu einer Vor-Oscar-Party in eines der schicken Restaurants in Soho ein. Sie sah hinreißend aus, das seidige Haar hatte sie zu einem lockeren Knoten gebunden, und auf den lächelnden Lippen glänzte hellrosa Lippenstift. Sie trug eine rote chinesische Seidenjacke und schwarze Seidenhosen. Nach soviel Braun und Schwarz und so schweren Stoffen war sie dem 19 Jahrhundert entflohen und schwelgte in auffallenden Farben. So ausgelassen und unbeschwert hatte man sie lange nicht erlebt. Doch das Hochgefühl war nur von kurzer Dauer – in diesem Jahr gewann Katharine Hepburn den Oscar als beste weibliche Darstellerin.

Meryl war völlig am Boden zerstört. Und es sollte noch schlimmer kommen: Das Studio, United Artists, hatte sich einen schlechten Werbeslogan für den Film einfallen lassen. »Sie liebte nur einen Mann, aber man nannte sie die Hure des französischen Leutnants.« Das war der Gipfel der Geschmacklosigkeit, und außerdem stimmte es hinten und vorn nicht. Es gab ein völlig falsches Bild vom Film wieder. Aber mehr noch, sie fühlte sich betrogen um ihre Schinderei für einen Film, in den sie so viel investiert hatte, und wollte nie wieder vor die Kamera treten.

Es ist nicht alles Sonnenschein

»Schauspielern bedeutet für mich, die menschliche Natur zu ergründen und Spaß haben zur gleichen Zeit. Ich liebe es, die einzelnen Schichten der Figuren nach und nach abzukratzen und die innersten Seiten der Person freizulegen.« Mit der ihr eigenen Akribie kriecht Meryl in ihre Rollen, um sich darin zu entfalten. Privat bleibt sie jedoch verschlossen wie eine Auster, farblos und undurchschaubar. Was auffällt, sind ihre übergroße Nervosität und ihre Unbeholfenheit. Es scheint beinahe so, als ob beim Seelenstriptease ihr eigenes Ich verloren ginge. Manchmal wirkt sie nur wie die Hülle ihres Selbst.

Diese Frau, die plötzlich von aller Welt als neuer Star der 80er Jahre gefeiert wurde, fühlte sich unwohl in ihrer Haut. Für sie selbst hatte sich nichts geändert. Sie war immer noch dieselbe, eine schüchterne, junge Frau, die ihren Job liebte und darin aufging. Die Öffentlichkeit sah das natürlich anders. Durch ihre Filme KRAMER GEGEN KRAMER, MANHATTAN und DIE VERFÜHRUNG DES JOE TYNAN war sie in aller Munde. Von allen Seiten wurde an ihr gezurrt und gezerrt. Es hagelte Einladungen und Preise. Journalisten, Agenten und Produzenten standen Schlange, um sich mit ihr zu treffen, und auf der Straße hielten sie die Leute an und baten um Autogramme.

Die Einladungen und Veranstaltungen gingen ihr auf die Nerven, aber sie hatte beschlossen, mitzuspielen. Es blieb ihr auch nichts anderes übrig. Manchmal ging Don mit. Aber er fühlte sich nie wohl dabei. Bei einem Empfang im Russian Tea Room plauderte Meryl ausgelassen mit ihren Kollegen und schien ihn ganz vergessen zu haben. Völlig sich selbst überlassen, saß er in einer Ecke, nippte an seinem Wodka und stocherte im Borschtsch herum. Er kannte diese Leute nicht, und ihr Vokabular war ihm fremd. Er langweilte sich. Mit einem falschen Lächeln, das Geduld und Verständnis vorspiegeln sollte, stellte er sich den Fotoreportern.

War Meryl Streeps Ehe in Gefahr? War es nun soweit? Die äußeren Umstände schienen dafür zu sprechen. Wenn die zwei irgendwo auftauchten, wirkten sie schlichtweg verloddert. So lief man, wenn überhaupt, nur zu Hause rum – ihr Kleid war schlecht gebügelt, der Saum lose, sein Sakko hatte weiße Farbkleckse, und ungekämmt schienen sie auch zu sein. Das Paar bot einen wunderlichen Anblick. Diese Klamotten hätten die Leute, mit denen sie zusammentrafen, nicht einmal mehr dem Roten Kreuz gespendet. Schließlich sah man Meryl oft allein auf Partys. Aber kein Gerücht, kein Flüstern kam aus den Reihen derer, die immer alles wissen. Und wenn es ein Problem gegeben haben sollte, dann hatten die Eheleute Gummer es gelöst. Vielleicht war es aber auch nur ein verzweifelter Versuch, aus diesem Zirkus auszubrechen.

Die Zeiger standen nicht mehr auf Erfolg. Ihre neue Rolle als Brooke Reynolds in dem Krimi IN DER STILLE DER NACHT wurde ein Mißerfolg. Robert Benton, ihr Freund seit KRAMER GEGEN KRAMER, fragte eines Tages an, ob sie mit ihm wieder einen Film drehen wollte. Sie überlegte nicht lange und sagte zu. Robert ließ ihr mehr künstlerische Freiheiten als andere Regisseure, und das war ihr

wichtig. Sie nahm den Job aber noch aus einem anderen Grund an: Die Dreharbeiten fanden ausschließlich in New York statt, und sie konnte mit Kind und Kegel zu Hause bleiben. »Ich rollte mich morgens aus dem Bett, ging zur Arbeit und kam abends wieder nach Hause.«

Meryl spielte die Geliebte eines Mannes, der ermordet aufgefunden wird. Als sie den Psychiater (Roy Scheider) ihres toten Freundes aufsucht, verliebt sich dieser sofort in die kühle, blonde Schönheit, die er bereits aus den Erzählungen seines Patienten kennt. Ihre Nervosität macht ihn allerdings skeptisch, und schließlich vermutet er in ihr die Mörderin. Die Geschichte klang gut, aber das war auch alles. Der Film wurde ein totaler Flop.

Das lag besonders an den beiden Hauptdarstellern. Eine Zeitung schrieb über Streep/Scheider: »Man kann eben keine Flamme an zwei Metallstreichhölzern entzünden.« Und in der Tat wirkten beide spröde und nicht im mindesten aneinander interessiert. Ihre gegenseitige Ablehnung hatte sich auf die Leinwand übertragen. Auch erschienen Meryl die Dialoge falsch, »ich wurde immer wütender, weil ich wußte, ich hätte das hinbiegen können. Aber man ließ mich nicht. Ich habe einmal einen ganzen Tag lang geschmollt, etwas, das ich hasse und was mir total fremd ist.« Meryls Rolle war so künstlich wie Plastik. Jessica Tandy, die Roys Mutter spielte: »Meryls Charakter war der einer Kettenraucherin. Ich denke, die Glimmstengel haben sie noch nervöser gemacht.«

Als es ihr zu bunt wurde, setzte sie sich hin und erfand ein paar Übergänge, die Meryl logischer und spannender fand. Das brachte zwar etwas mehr Dramatik in die Sache, mehr aber auch nicht. Meryl gab später zu, daß der Film ein Fehler gewesen war. Aber sie schämt sich nicht, daß sie mitgespielt hat. »Ich wünschte nur, wir hätten mehr aus uns herausgeholt.«

Neue Rolle – neues Glück

»Wenn jemand so talentiert ist wie Meryl und sich etwas in den Kopf gesetzt hat, obwohl du ihr alles in schwärzesten Farben geschildert hast, dann sagst du schließlich ja!« Mit diesem Stoßseufzer machte Regisseur Alan Pakula sich Luft. Er wollte SOPHIE'S ENTSCHEIDUNG drehen und konnte sich vor Angeboten kaum retten. Die weibliche Hollywood-Garde rannte ihm die Bude ein. Barbara Streisand wollte sogar ohne Gage spielen. »Wahrscheinlich hätte sie noch dazubezahlt«, giftete eine andere Bewerberin. Und auch Meryl war sich nicht zu schade zu betteln: »Ich bekniete ihn, mir die Rolle zu geben, ich versuchte jeden Trick. Ich wußte, daß das *der Film* werden würde. Ich spürte es ganz einfach. Für so eine Rolle frißt du einen Besen.«

Als sie ihn das erste Mal in seinem Büro aufsuchte, waren seine Wände voller Bilder, die eine junge tschechische Schauspielerin zeigten. »Ich war so eifersüchtig«, sagt Meryl. »Ich sagte ihm, daß sie viel zu hübsch ist, und bettelte: Laß mich die Rolle spielen, gib mir eine Chance. Nichts.« In der folgenden Woche klopfte sie wieder bei ihm an, er hatte sich nicht bei ihr gemeldet. »Ihre Bilder hingen immer noch da, und ich zog alle Register, um ihn zu überzeugen. Ich sagte, daß ihr Englisch sicher nicht gut sei und ob sie denn überhaupt ausreisen dürfe. Ich erzählte ihm, wie ich mir Sophie vorstellte und sagte, daß ich für diese Rolle geboren sei.« Sie fiel ihm schlichtweg auf die Nerven, nach dem Motto: Steter Tropfen höhlt den Stein. Pakula rief schließlich an und sagte ihr zu. Ob es nun ihre Hartnäckigkeit gewesen war oder die vielen anderen Zungen, die ihm zuflüsterten, daß er sie engagieren sollte – wer weiß. Auf jeden Fall hatte Meryl es vortrefflich verstanden, sich selbst zu verkaufen, sie hatte mit ihrer Rolle als Meryl Streep Erfolg gehabt.

Die Geschichte von Sophie war deshalb so begehrt, weil sie eine ungewöhnliche Herausforderung bedeutete. Die Darstellerin würde sich nicht nur bis auf das Skelett herunterhungern, sondern auch noch eine Glatze scheren lassen müssen. Im normalen Hollywood-Allerlei ziemlich außergewöhnlich. Mit anderen Worten: Das schrie geradezu nach einem Oscar.

Die junge Polin Sophie landet nach dem Krieg halbverhun-

gert in Brooklyn und wird von dem Juden Nathan (Kevin Kline) wieder aufgepäppelt, einem Mann, der sie liebt und auf Händen trägt, wenn er sie nicht angewidert von sich stößt, beschimpft und schlägt. Die Liebe der beiden hat keine Zukunft, sie existiert nur für den Augenblick. Und dafür lebt Sophie. Alles, was vorher und hinterher stattfindet, ist geprägt von Verdrängung und Leiden. Aber wer durch die Hölle gegangen ist wie sie, erwartet nichts.

Sophie hat das KZ überlebt und als Tote verlassen – und die haben keine Zukunft. Die sadistische Laune eines SS-Offiziers hatte ihr die ewige Verdammnis gebracht. Er verlangte von ihr, sich für eines ihrer beiden Kinder zu entscheiden, wenn sie nicht wollte, daß beide vergast würden. Um wenigstens ein Kind zu retten, mußte sie also das andere opfern. Sie entschied sich für den Sohn und schickte somit ihre kleine Tochter in die Gaskammer, den sicheren Tod.

»Als Schauspielerin kann ich nicht sagen, warum Sophie sich so entschieden hat. Es gibt keine rationale Begründung dafür, und das ist der Punkt. Man kann nicht voraussehen, wie man sich in einer Notsituation verhalten wird. Das Wunderbare an ihr ist jedoch, daß sie sich entscheidet, auch wenn es falsch sein mag. Das bedeutet: Sie gibt nicht auf. Sie bleibt stark, bis der nächste Schicksalsschlag sie trifft.«

Die Vorbereitungsarbeiten für diese Rolle waren hart. Eine Überlebende, die vier Jahre im KZ gewesen war, zeigte ihr, wie eine Frau sich bewegt, die innerlich gebrochen ist, und sie sagte ihr auch, was sie damals am Leben gehalten hatte: die unermeßliche Wut auf die Gefängniswärter; sie hätten damals viel geflucht, das hätte ihnen sehr geholfen. Als nächstes lernte Meryl polnisch und deutsch, »um wie die Tschechin gebrochen Englisch sprechen zu können«, wie böse Zungen spöttelten. Die sprachbegabte Perfektionistin fand, daß dies authentischer wirke. »Sophie konnte unmöglich wie eine aus New Jersey reden.« Drei Monate lang ging sie fünf Tage in der Woche zum Unterricht. Und dann kam der leichteste Part: Für die Szenen in Brooklyn mußte sie zehn Pfund zunehmen. »Kein Problem – ich schwelgte in Hamburgern und Pommes und entwickelte eine wahre Leidenschaft für Schokoladeneis.« Doch das war nur von kurzer Dauer. Danach mußte sie sich für die Szenen im KZ wieder 25 Pfund runterhungern. Ihre Diät: gedünstetes Gemüse und Weißwein-Schorle.

Als die Dreharbeiten im März 1982 begannen, hatte Meryl sich noch nicht näher mit der Person, dem Charakter von Sophie, auseinandergesetzt. Sie wollte sie in sich wachsen lassen. Aber eines war ihr wichtig – wer die anderen Rollen besetzen würde. Universal Studios wollten Al Pacino oder Robert DeNiro engagieren, doch Pakula war nicht einverstanden. Das waren zwar großartige Schauspieler, aber für die Rolle des paranoiden, schizophrenen Nathans, der außerdem über viel Glaubwürdigkeit verfügen mußte, nicht geeignet. Meryl, der es nach der Pleite mit IN DER STILLE DER NACHT mehr denn je auf die richtigen Partner ankam, hatte eine Idee: Sie überredete Pakula, sich das Stück THE PIRATES OF PENZANCE anzusehen, eine Papp-Produktion, in dem Kevin Kline die Hauptrolle spielte.

Pakula war sofort begeistert von ihm. Auch die Rolle des Stingo, des jungen Schriftstellers, mit dem die beiden sich anfreunden, besetzte er mit einem unbekannten Theaterschauspieler. »Das Gute an Theatermenschen ist, daß sie improvisieren können«, sagte er. Und das nutzte er aus. Er forderte sie auf: »Wenn ihr eine Eingebung habt, vergeßt, worüber wir gesprochen haben, und folgt ihr einfach.« Es funktionierte hervorragend. Am Ende versuchten sie alle, sich gegenseitig zu überraschen. »Ich war schon beunruhigt«, sagt Pakula, »wenn sie eine Szene so spielten, wie sie im Drehbuch stand.«

Am Ende jedes Filmtages konnte Meryl abends nach Hause fahren – Drehort war Brooklyn. Sie sehnte sich mehr denn je nach Gippy und Don, den Hütern ihrer kleinen, heilen Welt. Aber dann passierte das Furchtbare: Das Baby erkannte ihre Stimme nicht mehr und lief schreiend weg, wenn sie in diesem kehligen, weichen, polnisch-gefärbten Englisch zu ihm sprach. Sie hatte sich den Akzent so einverleibt, daß sie ihn nicht mehr ablegen konnte.

Pakula: »Ich weiß nicht, wie sie es gemacht hat, aber sie ist jeden Abend, nachdem sie tagsüber als Sophie durch alle emotionalen Höhen und Tiefen gegangen ist, nach Hause gefahren, um Essen zu machen. Aber ich weiß, daß Meryl ihr Privatleben braucht. Es gibt ihr einen gewissen Grad von Stabilität. Ohne das könnte sie sich vor der Kamera nicht so verausgaben. Viele Schauspieler, mit denen ich gearbeitet habe, hätscheln ihr Talent und entfremden sich immer mehr von ihrer Umwelt. Meryl nicht. Sie geht selbst einkaufen, will wissen, was ein Pfund Zucker, ein Liter Milch und ein Brot kosten. Sie will den Kontakt zu ihrer Umwelt nicht verlieren. Das Phänomen bei Meryl ist, daß sie so ganz anders war als die Rolle, die sie spielen sollte, und doch so völlig darin aufging.«

Sie hatte das Drehbuch wohl an die hundert Mal gelesen. »Ich habe von der Figur sogar geträumt. Aber ich wußte nicht, daß ich die Sophie sein würde, die ich dann später war. Was nachher dabei rauskommt, ist immer eine Überraschung, ein Risiko, wenn man so will. Ein Film ist nichts, bis er fertig ist. Jeder Drehtag ist geheimnisvoll und mysteriös. Man weiß nie, was drauf ist, bis man abends das ›Tageswerk‹ sieht.« Am Ende der Dreharbeiten gestand sie Alan: »Ich wußte anfangs nicht, wohin mit Sophie. Erst als ich den Akzent gelernt hatte, wurde sie mir vertrauter.«

Der zweite Teil der Dreharbeiten fand im ehemaligen Jugoslawien statt. Man war gerade angekommen, als Meryl ihren Regisseur bat, für einen Tag nach New York zurückfliegen zu dürfen. Don hatte eine Ausstellung, und sie wollte unbedingt bei der Eröffnung dabeisein. Ihr Plan war, Sonntag in New York anzukommen, in die Galerie zu gehen und dann das erstbeste Flugzeug in Richtung ehemaliges Jugoslawien zurückzunehmen. »Ich bin rechtzeitig wieder da, um mit der Arbeit am Montag zu beginnen. Versprochen«, sagte sie. »Aber ich muß hin. Don ist immer für mich da, und diesmal muß ich für ihn dasein. Ich kann ihn nicht enttäuschen.« Alan Pakula hatte keine gutes Gefühl, verständlicherweise. Was, wenn sie nicht am Montag einträfe? Was, wenn irgend etwas dazwischenkäme, das sie für unbestimmte Zeit außer Gefecht setzte? Jeder Tag kostete soviel Geld, es war ein großes Risiko. Aber er vertraute ihr. »Ich weiß nicht, wie es sie beeinflußt hätte, wenn ich es ihr verboten hätte.« Meryl hielt jedoch Wort, und die Dreharbeiten konnten weitergehen.
Der Film wurde ein Erfolg. Die Kritiken überschlugen sich. »Der Film ist eine Ein-Frau-Show«, schrieb die Daily News. »Ms. Streep hat es geschafft, daß der Film einen mächtigen, ununterbrochenen Zauber ausstrahlt.« Die New York Post: »Ich konnte Meryl Streep nie richtig einordnen, ich verstand die Leute nicht, die sie unentwegt lobten. Doch nach diesem Film bin ich von ihrer Darstellungskraft einfach gefangen. Ihre Darstellung ist so natürlich und voller Überraschungen. Das macht jede Minute wunderbar.«
Meryl reagierte verstört: »Wie kann ich das je halten? Diese Erwartungen erdrücken mich.« Außerdem fand sie, es sei doch nur ein Film, ein Zeitvertreib, den man sich ansieht und dann wieder nach Hause geht. Sie verstand den ganzen Trubel um ihre Person nicht. Aber sie hatte den Sprung von der Schauspielerin zur Leinwandlegende geschafft.

Wie immer gab es natürlich auch hier wieder die ganz Kritischen, die fanden, daß die Darstellung des Horrors im Film die Wahrheit trivialisiere. »Darüber mache ich mir keine Gedanken«, antwortete sie einem Reporter, »aber wenn dem so ist, bin ich sicher, daß ich nicht dazu beigetragen habe. Und ich finde so einen Film wichtig. Denn Statistiken lassen die Menschen kalt. Was sie bewegt, sind Einzelschicksale, dieser Horror trifft sie mitten ins Herz.« Seit HOLOCAUST war viel Zeit vergangen.

Im Jahr darauf bekam Meryl den Oscar als beste Schauspielerin für ihre Rolle als Sophie. In ihrer Rede, aufgeschrieben auf Zetteln, die ihr diesmal nicht aus der Hand fielen, sagte sie: »Am Ende der Filmarbeiten bin ich für gewöhnlich furchtbar gelangweilt. Aber bei diesem Film wollte ich, daß er nie aufhört. Und als die Dreharbeiten schließlich zu Ende waren, war ich unheimlich enttäuscht. Uns allen ging es so. Und wir taten das einzig Richtige, wir gingen aus und betranken uns fürchterlich.«

Einen knappen Monat später, nachdem die letzte Klappe zu SOPHIE gefallen war, begann sie mit den Dreharbeiten zu einem neuen Film, der ebenfalls die Gemüter erhitzen sollte: SILKWOOD.

Viel Lärm um Karen

Im November 1974 kommt Karen Silkwood bei einem mysteriösen Autounfall ums Leben. Die Arbeiterin aus dem Plutoniumwerk Kerr-McGee in Cimarron war auf dem Weg zu einem Treffen mit einem Journalisten von der New York Times, dem sie Unterlagen übergeben wollte, die dazu beitragen sollten, gesundheitsgefährdende Schlampereien in der Aufbereitungsanlage aufzudecken. Sie kam nie an. Auch das Material wurde nie gefunden.

Der Unfall sei kein Zufall gewesen, sagten Freunde und Verwandte. Sechs Tage zuvor hatten Ärzte festgestellt, daß Karens Haut mit Plutonium verseucht war, was später von der Atomic Energy Commission bestätigt wurde. Ihr Arbeitgeber klagte sie jedoch an, sich bewußt verseucht zu haben, um die Kampagne gegen das Werk zu unterstützen, die völlig ungerechtfertigt sei. Zwei Jahre später wurde das Werk geschlossen, weil die Sicherheitsvorkehrungen nicht ausreichend waren. Im Januar 1984 wurde Kerr-McGee dazu verurteilt, an Karens Familie zehn Millionen Dollar Entschädigung zu zahlen. Damit sprach das Oberste Gericht gleichzeitig eine Warnung an alle Atomkraftwerke aus, ihre Sicherheitsvorkehrungen zu überprüfen. Es war ein langer, aber schließlich erfolgreicher Kampf gewesen, doch er brachte Karen auch nicht mehr zum Leben.

In einem Kernlabor: Analysator Kim (oben) und nobler Brunius Kurn (unten) hält "am Leben".

Dieser Fall hatte für großes Aufsehen gesorgt, und Hollywood witterte einen guten Film. Doch die Vorbereitungen für den Film sowie die Dreharbeiten wurden von Gerichtsurteilen überschattet. Die Produzenten Buzz Hirsch und Larry Cano, die jahrelang in mühseliger Kleinarbeit ein Dossier über Karen und den Fall zusammengestellt hatten, wurden dazu verurteilt, ihr Material, inklusive Interviews, die Karens Leben betrafen, abzugeben. Natürlich weigerten sie sich. Begründung: Ihr Material sei verfassungsgemäß geschützt. Ein Bundesgericht widersprach dieser Auffassung und forderte Hirsch ultimativ auf, die Dokumente zu übergeben, andernfalls würde er im Gefängnis landen. Von diesem Urteil alarmiert und empört, wurde in Hollywood ein Komitee gegründet, das Hirsch darin unterstützte, genügend Geld für die anfallenden Gerichtskosten zu sammeln. In der Zwischenzeit wurde der Fall in Oklahoma weiterverhandelt. Die ›Bill of Rights Foundation‹ und die ›Motion Pictures Association of America‹, die ›Writers Guild‹ und das ›Reporter's Committee for Freedom of the Press‹ in Washington setzten sich jedoch alle für Hirsch ein. Die geballte Unterstützung zahlte sich aus. Das US Court of Appeals in Denver, Colorado, bei dem Hirsch Berufung eingelegt hatte, urteilte schließlich zu seinen Gunsten. Er durfte sein Material behalten, und der Film konnte in Angriff genommen werden.

Meryl bereitete sich gerade auf die Dreharbeiten zu DIE GELIEBTE DES FRANZÖSISCHEN LEUTNANTS vor, als Regisseur Mike Nichols ihr das Drehbuch schickte. Sie war an dem Thema sehr interessiert gewesen und wollte Karens Part übernehmen. Aber dann geriet der ganze Plan wieder in Vergessenheit. Um so erfreuter war sie, als das Projekt nun endlich Formen bekam. Sie nahm das Drehbuch wieder zur Hand und begann, sich ein Bild von Karen zu machen.

»Die Atomwaffengegner in den USA hatten endlich eine Märtyrerin. Sie glaubten, daß Karen für ihre Idee ihr Leben hatte lassen müssen. Aber das kann ich nicht unterschreiben. Karen war keine Jeanne d'Arc, sie war eine Herumstreunerin, die ständig und überall in Schwierigkeiten geriet. Das Aberwitzige war: Die Atomwaffengegner hätten sie garantiert nicht gemocht. Und ihr wiederum war die Atomenergie auch ziemlich egal. Das einzige was sie störte, waren die lausigen Arbeitsbedingungen.« Obwohl Karen und Meryl Welten voneinander trennten, konnte Meryl sich in sie hineinversetzen. »Sie war sehr humorvoll und ziemlich frech. Viele Leute waren sauer auf sie, denn Karen tat nur, was sie für richtig hielt.« Für die Rolle ließ sich Meryl das kurz vorher abrasierte Haar einfach wachsen, und den Südstaaten-Akzent brauchte sie auch nicht zu üben, den beherrschte sie bereits perfekt.

Nichols war bemüht, ein genaues Bild von Karens Zuhause zu liefern, von der instabilen und verkommenen Umgebung, die diese Frau geprägt hatte. Im Film ist sie 28 Jahre alt, Mutter von zwei Kindern und geschieden. Sie lebt mit ihrem Freund Drew (Kurt Russel) und ihrer entwurzelten Freundin Dolly (Cher) zusammen. Alle drei arbeiten im selben Werk, die Kinder leben beim Vater. Es dauert ziemlich lange, bis Karen dahinterkommt, was hier passiert. Sie ist nicht in der Gewerkschaft und auch nicht sonderlich an den Sicherheitsvorkehrungen interessiert. Unfälle passieren immer nur den anderen – so ihre Ansicht. Karen will nur eins: leben. Das Engagement kommt später. Karen ist ein verletzbarer, aber knallharter, frecher und unorganisierter Zahn im Getriebe der Industrie, der gezogen werden muß, weil er den Ablauf hemmt.

»Ich mußte immer daran denken, wie sehr die politische Angelegenheit von der tatsächlichen abweicht. Ich konnte gut sagen: ›Schließt das Werk!‹ Und für Gerechtigkeit kämpfen, auf die Barrikaden gehen. Aber die Wirklichkeit sieht doch anders aus. Tausende von Arbeitsplätzen, das heißt Tausende von Einzelschicksalen, waren von der Schließung betroffen. Ich hoffte immer, daß das Werk alles in den Griff bekommt und die Leute ihre Jobs behalten würden. Ich bin zwar jetzt ein Filmstar, aber ich erinnere mich noch genau an die Zeit, als ich in Restaurants gearbeitet habe. Ich verstehe gut, wie schnell das geht, daß man nur an sich selbst denkt, sich Sorgen macht von Lohntüte zu Lohntüte. Darum bewundere ich Karens Engagement, das sie schließlich gepackt und nicht wieder losgelassen hat.«

Cher, die im Film Meryls beste Freundin ist, hatte ganz andere Sorgen. Sie fürchtete sich vor Meryl. »Das war wie eine Audienz beim Papst. Ich und Meryl Streep – Wahnsinn!« Doch ihre Bedenken zerstreuten sich bald. Meryl und Cher verstanden sich nicht nur gut, sie wurden Freundinnen. »Meryl gab mir nie das Gefühl, daß ich ihr nicht das Wasser reichen könnte. Nach 19 Jahren im Geschäft nahm mich zum ersten Mal jemand ernst.«

Meryl über Cher: »Sie ist wunderbar, kein bißchen künstlich, ganz einfach intuitiv. Man sollte meinen, daß sie, die immer in diesen Kostümierungen auftritt, nichts anderes im Kopf hat als Schönheit, Schönheit, Schönheit – ist aber nicht so. Cher ist eine sehr bodenständige Frau und Mutter.«

Während sie in Texas drehten, kamen die beiden Drehbuchautorinnen, Alice Arlen und Nora Ephron. Die vier Frauen verstanden sich auf Anhieb. »Wir tratschten über Männer und strickten. Meryl und ich sprachen von unseren Kindern – beinahe ständig. Ich dachte schon manchmal, daß irgend etwas mit uns nicht in Ordnung sein kann. Aber dann dämmerte mir, daß wir einfach nur zwei ganz normale, stolze Mütter waren.«

Noch bevor der Film in die Kinos kam, begann die Presse, ihn zu kritisieren. Man zweifelte die Glaubwürdigkeit an. Die New York Times beschrieb ihn als trügerisches Werk, das die Regeln der Reportage verletze und die Zuschauer hinters Licht führe. Er sei so ausgerichtet, daß einem nichts anderes übrigbleibe, als an Mord zu glauben, und das sei nicht bewiesen. Doch all den Kritikern war entgangen, daß für einen Film andere Gesetze gelten, es sei denn, es handelte sich um einen Dokumentarfilm.

Bei einer Vorabvorführung in Manhattan versteckten sich Mike Nichols und Meryl im Projektionsraum, bis das Publikum – überwiegend Stars – sich gesetzt hatte. Dustin Hoffman, Susan Sarandon, Paul Simon, Woody Allen, Jeremy Irons, Richard Widmark, Steve Martin waren gekommen und – sie applaudierten. Meryl fiel ein Stein vom Herzen. Es war doch möglich, ein ernstes Thema auf die Leinwand zu bringen, ohne daß die Leute die Vorführung verließen. Außerdem hatte sie wieder einen persönlichen Erfolg gelandet. Ihre Darstellung von der kaugummikauenden Karen war so vortrefflich gelungen, daß das Publikum sie kaum mit der Meryl Streep in Verbindung brachte, die sie bisher kannten.

Doch Karens Eltern gefiel die Darstellung von Meryl überhaupt nicht. »Unsere Tochter war viel intelligenter, als sie dargestellt wird«, sagte ihre Mutter. Und sie wunderte sich, wieso niemand sie oder enge Freunde von Karen angerufen und nach deren Charakter befragt hatte. Besonders ärgerte sie sich über die Nacktszene, so etwas hätte Karen nie gemacht. In dieser Aufnahme entblößt Meryl eine Brust, um ihre Mitarbeiter zu schocken. »Es war schon komisch, denn ich bin eigentlich keine Freundin von Nacktaufnahmen. Aber ich hatte das Gefühl, daß Karen das auch getan hätte. Es kam ganz spontan.«

Cher war ziemlich mitgenommen von dem Film. Am Ende

der Dreharbeiten brach sie fast zusammen, als Meryl/Karen, totenbleich geschminkt, im Krankenhaus lag, und die Ärzte ihr sagten, sie sei ›ein bißchen‹ vergiftet. »Ich mußte immer daran denken, daß das einer richtigen Person passiert war, das hatte ja tatsächlich stattgefunden.«

Und auch Meryl war ausgelaugt. Sie mußte aber noch nach Paris fliegen, um die französische Version zu synchronisieren. Ihr Perfektionismus ließ es nicht zu, sich auf französisch synchronisieren zu lassen, schließlich beherrschte sie die Sprache. Danach war sie in London eingeladen, um Diskussionsrunden über den Film und das Thema Atomkraft abzuhalten. Aber sie brach diese Reise bald ab, sie konnte nicht mehr. Statt dessen ließ sie Don und Gippy kommen, und die drei flogen nach Spanien. Dort, an der Costa del Sol, waren sie eine ganz normale Familie, die Urlaub machte. Sie gingen Paella essen und bummelten durch die engen Gassen der kleinen Städte und Dörfer, plantschten mit Gippy im Mittelmeer und tranken abends spanischen Wein, begleitet von Flamenco-Musik und Kastagnetten-Geklapper. Und kein Autogrammjäger verfolgte den Star.

Als die Oscar-Zeit nahte, setzte sich Meryl wieder in das Flugzeug nach Los Angeles. Sie war zum fünften Mal nominiert worden. Aber statt eines Oscar bekam sie etwas später eine Mary Willa – genannt Mamie –, ihr zweites Kind.

Während der Schwangerschaft mit Mamie hatten die Ärzte einen unregelmäßigen Herzschlag des Babys entdeckt. In 60 Prozent dieser Fälle sei das nach der Geburt in Ordnung, hatte man ihr gesagt. Doch von nun an dachte Meryl immer an die anderen 40 Prozent. »Der Streß war grausam. Wir hatten extra einen Kinder-Herzspezialisten im Operationssaal, der das Baby sofort nach der Geburt untersuchte.« Mamie mußte für ein paar Tage auf die Intensivstation.

»Das war so furchtbar, da lag mein Baby, das eigentlich in meine Arme gehört hätte, in diesem Glaskasten und hatte Schnüre und Drähte an seinem kleinen Körper.« Meryl entschloß sich, erst einmal zu Hause zu bleiben und sich um ihre Kinder und Don zu kümmern. »Der Preis, den meine Karriere forderte, war zu hoch.«

Meryl war sowieso besorgt, daß ihre Kinder unter ihrer berühmten Mutter leiden würden. »Ich hoffe, sie werden ganz normal aufwachsen. Und ich hoffe auch, daß mein Ruhm sie nicht blendet. Immerhin bekommen sie hautnah mit, wie es ist, Meryl Streep zu sein. Das gibt ein ziemlich ausgewogenes Bild, denke ich.«

Auf Flops abonniert

»Wenn du noch einmal auf der Leinwand stirbst, dann rede ich nicht mehr mit dir«, sagte Mutter Streep. »Das ist ja furchtbar, ich kann das nicht mehr mit ansehen, Kind.« Ihr Wunsch war Meryl Befehl – von nun an wurde geliebt, statt gestorben. Im ersten Film nach ihrer Kinderpause, DER LIEBE VERFALLEN, spielt sie eine frustrierte, kinderlose Arztfrau, die im Zug nach Manhattan den ebenfalls verheirateten Architekten Frank Raftis (Robert DeNiro) trifft. Die beiden sehen sich an, es klickt, und die Geschichte beginnt. Ein klassisches, altmodisches Liebesdrama, mitten aus dem Leben gegriffen. So normal, daß es in Amerika niemanden vom Sofa lockt. Nur in Italien ist man begeistert und verleiht ihr dafür den einheimischen Oscar, den David di Donatello Award. Andernorts verschwindet der Film von Ulu Grosbard schnellstens in der Versenkung, das heißt auf dem Videomarkt. Das soll ihr ein paar Jahre später noch mit einem zweiten Film passieren, mit RENDEZVOUS IM JENSEITS. Darin geht es um das Leben nach dem Tod und die erlösende Liebe.
Als nächstes jedoch bekommt sie eine Anfrage von Fred Schepisi, der sie für seine Rolle als Freiheitskämpferin in EINE DEMANZIPIERTE FRAU gewinnen will. Meryl gefällt die Idee, eine Person im Film über eine Zeitspanne von 15

Jahren zu porträtieren, und sie sagt zu. Die Engländerin
Susan Traherne kämpft während des Zweiten Weltkriegs
für die Engländer in Frankreich. Als sie wieder ins normale
Leben zurückkehrt, findet sie keinen Anschluß mehr und
versagt. Diese Rolle war ziemlich schwierig für Meryl, die
sich nie als 18jährige gefühlt hatte. »Ich war Kind und dann
mit zwölf sofort erwachsen«, sagt sie. »Aber es machte
Spaß, jemanden in diesem Zeitraum nachzuleben. Gott
allein weiß, daß du das nicht mit deinem eigenen Leben
machen kannst.«

Was sie an der Rolle faszinierte war Susans Furchtlosigkeit,
all das zu sagen, was ihr auf dem Herzen lag. Ihr innerer
Konflikt und ihr Idealismus gefielen Meryl. »Wahrscheinlich wird man so im Krieg. Man weiß ja nie, wenn man
sich morgens trennt, ob man sich abends wiedersehen
wird«, sinnierte sie. »Als ich den Vertrag unterschrieben

hatte, sah ich im Fernsehen eine Dokumentation über den Zweiten Weltkrieg. Reagan besuchte einen Strand in der Normandie, und es hatten sich viele Kriegsveteranen versammelt. Es war schon verrückt zu hören, wie sehr diese alten Männer den Krieg verherrlichten. Obwohl es weiß Gott schlimme Zeiten für sie gewesen sein mußten. Aber alles, was danach kam, berührte sie irgendwie nicht mehr. Der Krieg war für sie beinahe wie eine Liebesgeschichte. Für mich persönlich war ziemlich aufschlußreich, was Susan durchmachte. Denn fast jeder hat an irgendeinem Punkt in seinem Leben einmal den Drang verspürt, die Welt zu verändern, für Freiheit und Menschenrechte zu kämpfen. Aber die meisten Leute verlieren das später. Doch Susan blieb dabei. Sie konnte nicht vergessen.«

Für diese Rolle mußte Meryl den vornehmen Oxford-Akzent lernen. Und es passierte häufiger, daß der Toningenieur sie mit den Worten unterbrach: »Meryl, das mußt du nochmal sprechen, das klingt zu sehr nach New Jersey.«

Sir John Gielgud, der im Film einen Senior-Diplomaten spielt, über Meryl: »Ich kannte sie nicht, aber sie erschien mir außerordentlich talentiert. Eine der schwierigen Szenen mußte sie wohl an die 50 mal wiederholen, bis sie im Kasten war. Sie hat nicht mit der Wimper gezuckt, nichts verändert, aber sie wurde immer besser. Meryl scheint mir ihre Gefühle stark unter Kontrolle zu haben. Auch beim Umgang mit anderen. Eine erstaunliche Frau, ich bin tief beeindruckt.«

Für die Dreharbeiten, die in England stattfanden, mietete sich die Familie Streep/Gummer ein Haus vor den Toren Londons. Mit diesem zehnwöchigen Aufenthalt hatte die Familie das halbe Dutzend Umzüge voll. »Wir haben ein neues Appartement auf der Upper West Side gekauft und das alte in Soho verkauft. Weil wir aber noch nicht einziehen konnten, stellten wir alles in einem Möbellager unter und zogen in eine möbliertes Appartement auf der Upper East Side. Dann mußten wir da raus und landeten in einem Hotel in Midtown. Als wir endlich in unsere eigenen vier Wände einziehen konnten, war es beinahe Sommer, und wir zogen wieder aufs Land nach Connecticut. Dann kam EINE DEMANZIPIERTE FRAU, und wir zogen mit Sack und Pack ins Hotel, bis wir das Haus fanden. Jetzt habe ich erst einmal die Nase voll. Irgendwann möchte ich mal nicht mehr umziehen müssen.«

Filme

Jenseits von Afrika

Sodbrennen

Wolfsmilch

Grüße aus Hollywood

Ein Schrei in der Dunkelheit

Die Teufelin

Rendezvous im Jenseits

Der Tod steht ihr gut

Das Geisterhaus

»Als ich acht Jahre alt war,
dachte ich, ich bin die Jungfrau Maria.«
Meryl

∗

»Meryl steht nicht über den begabtesten Schauspielern,
sie steht daneben, denn sie bildet eine Kategorie für sich.«
Jack Nicholson

∗

»Meryl ist eine Schauspielmaschine, so wie ein Hai eine
Killermaschine ist – sie ist dazu geboren.«
Cher

∗

»Sie wird eine dieser Filmdiven werden wie die Garbo.
Eine Schauspielerin,
die nur einmal in einer Generation vorkommt.«
*Mike Nichols, Regisseur von SILKWOOD, SODBRENNEN
und GRÜSSE AUS HOLLYWOOD*

∗

»Meryls größtes Geheimnis ist,
wie sie, obwohl sie so merkwürdig gebaut ist,
zu einer der schönsten Frauen ihrer Zeit
zählen kann. Ihre Beine sind zu dick und kurz, ihre
Hüften zu breit, ihre Augen zu schmal und
beinahe farblos, und die Nase mit dem Hubbel
obendrauf ist zu lang. Aber wenn Bewegung
in all das kommt, sieht sie aus wie eine
Madonna aus dem Mittelalter.«
KRAMER GEGEN KRAMER-Produzent Stanley Jaffe

∗

»Meryl geht sprichwörtlich
auf in dem jeweiligen Charakter, den sie spielt.
Sie gibt ihr Selbst auf und läßt sich treiben.
Damit verzaubert sie jeden, der mit ihr filmt. Sie wird die
andere Person, und ihr Gegenüber behandelt
sie so, als ob sie diese Person wirklich wäre. Ihre
Liebhaber verlieben sich in sie, ihre Feinde fangen an,
sich vor ihr zu fürchten. Ich kenne niemanden
sonst, der das fertigbringt.«
Sydney Pollack, Regisseur von JENSEITS VON AFRIKA

*

»Ich liebe es, etwas darzustellen, Realität zu kreieren.
Und ich strebe danach, eine Verwandlungsschauspielerin
zu sein.«
Meryl

*

»Sie spielt wie jemand in einem Glashaus, den man hören
und sehen, aber nicht fühlen kann – eben ohne Herz.«
Pauline Kael, Kritikerin

*

»Viel hängt vom Schauspieler ab, mit dem ich spiele –
Aktion, Reaktion, der Funke und die Flamme. Bei einer
Liebesgeschichte ist das sehr wichtig.«
Meryl

*

»Schauspielern ist mit Lügen gleichzusetzen. Und Meryl
Streep ist die schönste Lügnerin, die mir je begegnet ist.«
Sir Laurence Olivier

*

»Schon wieder hat sie einen ausländischen Akzent gelernt. Sie spricht, als stünde alles, was sie sagt, in Gänse-
füßchen«, schrieb die New Yorker Kritikerin Pauline
Kael, Meryl-Miesmacherin vom Dienst. Diese Anfeindung
konnte sie nicht auf sich sitzenlassen: »Wenn ich ein gutes
Drehbuch angeboten bekomme – was selten genug der
Fall ist –, sage ich nicht nein, nur weil der Charakter, den
ich darstellen soll, aus Polen, Dänemark oder den Süd-
staaten kommt. Ist es nicht selbstverständlich, wenn man
jemanden porträtiert, daß man so zu sprechen versucht,
wie dieser jemand gesprochen hat oder haben könnte?
Warum betrachtet diese Frau die Leichtigkeit, mit der ich
Akzente lerne, nicht einfach wie eine Autofahrt ins
Grüne? Klar, ich kann perfekt schalten, aber kann sie
nicht einfach aus dem Fenster sehen und die Landschaft
genießen?«
Meryl hatte aber noch mehr getan, als nur einen neuen Akzent gelernt. Um die Rolle der Karen Blixen in JENSEITS
VON AFRIKA zu bekommen, putzte sie sich heraus wie
ein Zirkuspferd. Der Regisseur, Sydney Pollack, sagten
viele, liebe Kurven und Sexbomben. Und irgendwo hatte
sie auch gehört, daß er sie nicht sexy genug fand. Also
stopfte sie ihren BH aus, zog den kürzesten Minirock an,
den sie auftreiben konnte, schminkte sich, ließ das Blondhaar wallen und – bekam den Part.
Der Film ist die teilweise autobiographische Geschichte
der dänischen Baronin Karen Blixen, die unter dem Pseudonym Isak Dinesen über ihre Zeit in Afrika geschrieben
hat. Die frischvermählte Karen folgt ihrem Mann Bror
(Klaus Maria Brandauer) nach Kenia, um dort mit ihm auf
einer Kaffeeplantage zu leben. Als der Krieg ausbricht,
meldet sich Bror zum Militär, und Karen führt die Plantage

allein weiter. Ihr Dasein wird bald eintönig, und sie langweilt sich. Das Schicksal meint es aber noch schlimmer mit ihr. Als ihr Mann aus dem Krieg zurückkommt, eröffnet er ihr, daß er sich scheiden lassen will, und zieht daraufhin mit seiner Geliebten in die Stadt.

Karen, die sich mittlerweile an die harte Arbeit gewöhnt hat, läßt sich nicht entmutigen und macht weiter. Verbissen kämpft sie gegen die Widrigkeiten der Natur und die Engstirnigkeit der Männergesellschaft an, die sie als Frau nicht anerkennen will. Am Neujahrsabend 1914 wendet sich das Blatt, sie lernt den Großwildjäger Denys Finch-Hatton (Robert Redford) kennen und verliebt sich in ihn. Denys bewundert und unterstützt sie, wann immer ihn sein Weg zu ihr führt. Aber auch er will nicht bleiben, immer wieder flieht er vor einer festen Bindung mit ihr in die Wildnis und entscheidet sich schließlich für eine andere Frau, die weniger fordernd ist. Karen ist wieder allein und verlassen und muß obendrein noch mit einer Mißernte fertig werden. Als sie nicht mehr kann, beschließt sie abzureisen. Am Abend vorher kommt Denys jedoch zurück und sagt ihr, daß er ohne sie nicht mehr leben will.

Doch das Schicksal meint es nicht gut mit ihr. Kaum hat sie gewonnen, muß sie ihren Sieg an einen stärkeren Gegner weitergeben, gegen den sie machtlos ist: den Tod. Ihr Geliebter ist bei einem Flugzeugunglück ums Leben gekommen. Krank und vom Leben enttäuscht, kehrt sie schließlich ins heimatliche Dänemark zurück.

»Ich hätte nie gedacht, daß dieser Film erfolgreich sein würde. Nicht weil er schlecht war, nein, nur weil er so anders war als das, was man sonst in den Kinos sieht«, sagte eine glückliche Meryl, nachdem JENSEITS VON AFFIKA weltweit gelobt wurde. »Das hätte danebengehen können, aber irgendwie liebten die Zuschauer diesen Film und blieben in ihren Sitzen.«

Die Dreharbeiten waren alles andere als langweilig gewesen, es war ein Abenteuer, in Afrika zu leben. »Das ist das Schöne am Filmgeschäft«, meinte Meryl. »Man kommt in der Welt rum, sieht viel und kann mitnehmen, wen man will.« Sie war natürlich mit Don und den Kindern Henry und Mamie angereist. Die vier zogen in ein einfaches Haus in einen Vorort von Nairobi, gleich nebenan wohnte Robert Redford mit seiner Familie. Die beiden Stars waren weder mit großem Gefolge eingetroffen noch fielen sie durch Allüren auf – zur Enttäuschung ihrer Fans. Redford schleppte sogar sein Gepäck selbst, nachdem er am Gepäckabfertigungsband des Flughafens wie alle anderen Sterblichen gewartet hatte. Die Zeiten der Divas und der Leinwandhelden, die nie ohne große Begleitung auftraten und keinen Finger rührten, sind vorbei. Henry bekam auch keine Privatlehrerin, sondern wurde in den örtlichen Kindergarten geschickt. Meryl und Don waren der Ansicht, daß ihre Kinder so normal wie möglich aufwachsen sollten. Keine Extrawürste – sie hatten es sowieso schon besser als viele andere. »Als wir am ersten Tag in der Schule eintrafen, wußten wir gleich, daß wir in Afrika sind«, sagt Meryl lachend. »In der Einfahrt standen sieben Giraffen und rupften an den Zweigen der Bäume.« Aber noch etwas anderes erinnerte sie Tag für Tag daran, wo sie waren: »Wir wohnten an der Grenze zum Nairobi Nationalpark und jeden Morgen wurden wir vom Gebrüll der Löwen geweckt. Als ich das zum ersten Mal hörte, dachte ich, im Nebenhaus stirbt jemand. Ich weckte Don und das ganze Haus, wollte nachsehen, was da los war. Aber einer der Bediensteten, die angelaufen kamen, erzählte uns, was es war.«

In Afrika las sie alles, was es über und von Isak Dinesen zu lesen gab, um sich auf ihre Rolle einzustimmen. Und sie wunderte sich, daß ihr Kollege keine großen Anstrengungen unternahm, sich mit seinem Thema vertraut zu machen. »Robert schien nicht im mindesten an der Großwild-jagd interessiert zu sein, oder er verstand es hervorragend, das zu verbergen. Das einzige, was er regelrecht ver-schlang, waren Berichte über Erderwärmung, Klimaver-schiebung und das Ozonloch.« Aber sie fügt bewundernd hinzu, daß er der beste Küsser ist, der ihr je begegnet ist – rein beruflich gesehen, natürlich.

Gefilmt wurde einhundert und einen Tag, und die Drehar-beiten waren kein Zuckerschlecken. Früher oder später wurde jeder krank – bis auf Meryl. Sie blieb selbst von Montezumas Rache verschont. »Wir wußten alle, daß wir nur abgekochtes Wasser trinken durften. Aber bei den Eis-würfeln für die Drinks am Abend dachte niemand an Bak-terien. Ich mag es ohnehin nicht so kalt, das hat mich wohl gerettet.« Obwohl sie an 99 Tagen bei den Filmarbei-ten dabeisein mußte, fehlte sie an keinem einzigen Tag. »Meryl hat eine Pferdenatur«, sagte Pollack anerkennend. Und sie hat das Stehvermögen eines Menschen, den nichts aus der Ruhe bringen kann. In einer Szene, der längsten, die Pollack an einem Stück drehte, wird Meryl allen Be-diensteten vorgestellt. Stolz, ruhig, erhaben und vollkom-men in ihre Rolle versunken, schreitet sie die Reihe ab. Doch in dem Moment, als der Regisseur »Cut!« ruft, ist es vorbei mit ihrer Gelassenheit. Sie fängt an, sich auf die Brust zu trommeln und zu schreien: »Hol dieses Tier raus! Hol dieses Tier hier raus, schnell!« Eine völlig verwirrte Ko-stümfrau, die angerannt kommt, reißt ihr daraufhin das Kleid vom Leib, und heraus fällt ein Rieseninsekt, das während der ganzen Zeit an ihr herumgekrabbelt ist. Eine unglaubliche Leistung, alle sind stark beeindruckt von Meryls Selbstbeherrschung. Sie ist eben durch und durch Profi und hat sich so in der Gewalt, daß sie alles, was sie ablenken könnte, ignoriert. Meryl erlaubt sich nicht, in Pa-nik zu geraten.

Wenn sie an eine andere Szene denkt, in der sie einen Löwen mit der Peitsche verscheuchen soll, werden ihr allerdings noch heute die Knie weich. Und wenn sie gewußt hätte, was – oder besser gesagt wer – los war, hätte sie garantiert ihre Selbstbeherrschung verloren. Meryl hatte diese Szene selbst übernommen, weil ihr Double eine Heidenangst vor dem Tier hatte. Doch der Löwe war faul und wollte sich nicht bewegen, geschweige denn, wütend werden. Er wollte nur seine Ruhe haben. Meryl ließ die Peitsche links und rechts neben ihm durch die Luft knallen – er blieb da, wo er war. Schließlich ließ Pollack, der ungeduldig wurde, den Löwen losbinden, er wollte die Szene endlich im Kasten haben. Das half, der König der Tiere benahm sich endlich so, wie erwartet. »Als ich hinterher erfuhr, daß der Löwe los war, hätte ich Sydney am liebsten erwürgt.«

Sodbrennen

»Meryl agiert freudlos und obendrein maniriert. Sie kann nicht einmal in ein Stück Brot beißen, ohne das auszuspielen. Diese Frau holt einen Trick nach dem anderen aus der Kiste und bleibt so blaß und eisig wie ein Mondmensch. Wenn sie doch nur weniger leiden würde und dafür häufiger kichern«, schreibt Pauline Kael dieses Mal. Daraufhin entgegnete Meryl: »Kritiken interessieren mich nicht. Aber ich fühle doch einen Stich. Da liegt was in der Luft, so wie Smog. Man fühlt ihn nicht in die Lungen kriechen, aber es geht einem nicht so gut.«
In SODBRENNEN, gedreht nach dem Bestseller von Nora Ephron, die mit diesem Buch ihr eigenes Leben verarbeitet hat, spielt Meryl Rachel Samstat, eine jüdische Kochbuchautorin. Die Geschichte erzählt, wie sie, trotz heftiger Be-

denken, wieder vor den Traualtar tritt, daraufhin die glück-
lichste Zeit ihres Lebens erlebt und dann aus allen Wolken
fällt, als sie erfährt, daß ihr Mann (Jack Nicholson) sie ständig betrügt.

Auf der Pressekonferenz, die für den Film werben soll,
trägt Meryl einen leichten Sommerrock und ungefähr ein
Pfund falsche Perlen von Woolworth über einem T-Shirt.
Ihr Haar ist hellbraun und kurz. Im Nebenzimmer schläft
Grace – ihr drittes Kind. »Ich hielt solche Veranstaltungen
früher für reine Zeitverschwendung«, fängt sie an, »aber ein
Regisseur hat mir mal gesagt, wenn du weiterhin filmen
willst, mußt du dich selber vermarkten. Er hat ja recht.
Aber ich hasse es trotzdem. Ich finde es total blöd, die
Presse davon zu überzeugen, warum der Film, den man
gedreht hat, besonders gut ist und warum man die Rolle so
phantastisch findet.« War es für sie nicht selbstverständlich,
daß man hinter dem steht, was man tut?

Und dieser Film schien ihr in der Tat gefallen zu haben.

Ihre Liebe zu dem Thema war bereits 1983, als das Buch auf den Markt kam, erwacht. Meryl kauft sich immer alle Beststeller, um auf dem laufenden zu sein, so auch diesen. »Es war das Lustigste, was ich seit langem gelesen hatte. Damals war ich in Paris, um SOPHIE'S ENTSCHEIDUNG zu synchronisieren, und schwanger mit Mamie. Ich wohnte in einem kleinen Hotel links der Seine und konnte mich oft vor Lachen nicht halten. Manchmal frag' ich mich noch heute, was die Leute nebenan wohl gedacht haben mögen. Die Wände waren dünn wie Papier. Aber vielleicht haben sie mich auch nicht gehört – die waren selbst so sehr mit sich beschäftigt.« Sie grinst und nippt an ihrem Kräutertee. »Da ging es richtig rund.«

Später, als sie das Drehbuch las, war zwar viel geändert worden, aber es war immer noch sehr witzig. Eine Szene fand sie so komisch, daß sie sich darauf freute, sie zu spielen. Rachel sollte – im siebten Monat schwanger – als Bauchtänzerin in einem Lokal auftreten. Sehr zu ihrem Bedauern hatte man das in der nächsten Fassung gestrichen. Aber der Film gefiel ihr, und darum sagte sie es auch auf der Pressekonferenz. Doch dann blickte sie kurz auf die Uhr und verabschiedete sich, weil es Zeit war, Gracie zu stillen. Die Schauspielerin, die eine Mutter ist, hat ihre Pflicht getan, und die Mutter, die schauspielert, kann nun gehen.

Wolfsmilch

Meryl liegt auf dem Boden. Die Studiotechniker werden nervös, dann machen sie sich Sorgen. Sie wissen nicht recht, was sie tun sollen. Hilflos stehen sie herum und beobachten die Leiche von Helen, der Alkoholikerin, gespielt von Meryl. Der Regisseur hat vor einer Ewigkeit schon

»Cut!« geschrien, aber Helen bewegt sich immer noch nicht. Dabei könnte sie doch jetzt aufstehen? Nach quälend langen zehn Minuten endlich erwacht Meryl aus ihrem tranceähnlichen Zustand. Alle atmen erleichtert auf. Wenn Meryl eine Tote spielt, dann ist sie tot. Wer daran gezweifelt haben sollte, war jetzt eines besseren belehrt worden. Für ihre Rolle als Trinkerin und Stadtstreicherin, die in einem heruntergekommenen Hotelzimmer stirbt, hatte Meryl in ihrer Talentkiste gekramt. Allein schon die Vorbereitungen für die letzte Szene waren erstaunlich. Eine halbe Stunde lang hatte sie einen mit Eiswürfeln gefüllten Sack umarmt, um ihre Körpertemperatur zu senken. Einfach die Augen zuzumachen, das hätte ihr nicht genügt. Hector Babenco, der Regisseur, erinnert sich: »Irgendwann fing sie selbst an, wie Helen zu sprechen. Sie grunzte und wimmerte und brachte nur noch Satzfetzen zustande. Ich bin darauf eingegangen und habe sie wie Helen behandelt. Wenn ich etwas von ihr wollte, habe ich sie an der

Für die Rolle der arischen Inga, der Frau des deutschen Juden Karl Weiss (James Wood) in Holocaust *erhält Meryl den "Emmy Award".*

In Die durch die Hölle gehen *spielt Meryl Linda, die einzige starke weibliche Rolle in dem Drama um drei junge Männer, die in Vietnam gekämpft haben.*

An der Seite von Dustin Hoffman sucht Meryl in Kramer gegen Kramer *ihre eigene Identität – und wird mit einem Oskar belohnt.*

In Die Verführung des Joe Tynan *verliebt sich Meryl als Anwältin Karen Traynor in einen jungen Senator (Alan Alda).*

Als schöne, mysteriöse Außenseiterin ist Meryl Die Geliebte des französischen Leutnants *(Jeremy Irons).*

Eine demanzipierte Frau – *ein Flop für Meryl. Sie spielt die Engländerin Susan Traherne, die während des 2. Weltkriegs in Frankreich spioniert.*

Meryl als Angestellte in dem Thriller In der Stille der Nacht, *in dem sie verdächtigt wird, ihren Geliebten umgebracht zu haben.*

Sodbrennen *bekommt die Kochbuchautorin Rachel Samstat, wenn sie an ihre Ehe mit dem Watergate-Journalisten Carl Bernstein (Jack Nicolson) denkt.*

Meryl und Robert Redford sind das Traumpaar in Jenseits von Afrika, *einem Film über das Leben der Schriftstellerin Karen Blixen.*

Als Pennerin in Wolfs-
milch *verkommt Meryl im
Depressions-Sumpf der
dreißiger Jahre und stirbt
schließlich elendig.*

Ein Schrei in der Dunkel-
heit *erzählt die wahre
Geschichte der Austra-
lierin Lindy Chamberlain,
die ihr Baby umgebracht
haben soll.*

Bei den Dreharbeiten zu Rendezvous im Jenseits *war Meryl mit ihrem vierten Kind schwanger – der Grund für ihre beinahe überirdische Schönheit?*

In Der Tod steht ihr gut *spielt Meryl eine eifer-süchtige Ehefrau, die dem Schönsein und der ewi-gen Jugend hinterher-jagd.*

Die hellseherisch veran-lagte Clara und ihre Schwägerin Ferula, ver-körpert von Glenn Close, verbindet in Das Geister-haus *eine einzigartige Liebe.*

Schulter gestupst und ihr durch Knurren und Grunzen zu verstehen gegeben, was ich von ihr wollte. Unsere Verständigung klappte prima.«

Die Rolle der ehemaligen Sängerin, die in der großen Depression von 1932 in Albany, New York, in der Gosse landet, hatte sie von Anfang an begeistert. Aber wie so oft stand sie vor der Frage, wie sie Helen darstellen sollte. Sie las das Drehbuch immer wieder, bis sie aus Helens unglücklichem Leben auf dem Papier eine Melodie heraushörte, die sie symbolisch umsetzte. »Mein Bild von Helen war der Notenschlüssel. Er drückt ihre Musikleidenschaft und ihre innere Würde aus, aber zugleich gab er mir die traurige, mutlose Form ihres Körpers vor.« Und so erdachte sich Meryl Helen langsam, Stück für Stück. Alle Einzelheiten wie Haare, ihre Art, sich zu kleiden und zu reden, nahmen plötzlich in ihrer Phantasie Form an. Sie überlegte, wie es sich wohl in Helens vergiftetem Körper anfühlte, was ihr durch den verwirrten Kopf ging, wenn sie, zugeschüttet vom billigen Fusel, die Wirklichkeit vergaß, wie sie die Welt sah durch ihre trüben Augen. Und als sie endlich zum Leben erweckt worden war, schlüpfte Meryl in ihre Haut und blieb da – oft für Stunden, so als sei sie die Frau, die dem Alkohol verfallen ist.

»Ich weiß nicht, wie alt sie ist. Ich habe es gelesen, aber sofort wieder vergessen. Diese Leute wissen selbst nicht mehr, wie alt sie sind. Die Jungen sehen alt aus, und die Alten haben etwas Kindliches an sich. Helen ist für mich so etwas wie ein Aschefunken – wir bekommen das letzte Aufglühen mit, und dann ist sie weg.«

Zum ersten Mal in ihrem Leben stellte sich Meryl bewußt einem Thema, das mit ihr selbst zu tun hatte. Sie nahm die Rolle einer Tochter an, deren Hauptproblem ihre dominante Mutter ist. »Ich wollte diesen Film nicht drehen«, sagt Meryl. »Aber meine Mutter hat mich überredet. Ausgerechnet sie. Ist das nicht komisch? Sie sagte, daß jeder seinen rechten Arm dafür geben würde, um die Gelegenheit zu bekommen, über sich selbst zu reden. ›Wie kannst du nur zweifeln! Sei nicht so egoistisch!‹ Sie hat mich regelrecht dazu gezwungen, aber jetzt bin ich froh darüber.«

Der Film hat den halb autobiographischen, halb fiktiven Roman von Carrie Fisher zur Grundlage. Carrie geisterte Ende der 70er Jahre als schneckenbezopfte Prinzessin Leia in Star Trek durch den Weltraum, bevor sie von der Bildfläche verschwand. Es folgten durchkokste Nächte, Therapiesitzungen, Selbstmordversuche, Krankenhausaufenthalte. Sie machte alles durch, bis sie sich mit dem Schreiben dieses Buches von ihrer Übermutter, der Schauspielerin Debbie Reynolds, befreite.

Im Film spielt Meryl die hypersensible Suzanne, die die Scheinwelt der Drogen der Scheinwelt der Traumfabrik Hollywood vorzieht, bis sie zusammenbricht. Ausgerechnet von ihrer Mutter soll sie Hilfe erwarten, einem ehemaligen Glamourstar, die selbst nicht von dieser Welt ist, die mit viel Wodka zu vergessen versucht, daß Hollywood sie vergessen hat. Die Charaktere im Film verschwimmen im surrealen Dasein der Filmstudios, wo nichts ist, wie es scheint, und sie hören nie auf zu schauspielern. »Wir sind mehr für die Öffentlickeit gemacht, als für das Privatleben«, sagt Suzannes Mutter (Shirley MacLaine).

»Das, was Suzanne in Verbindung mit ihrer Mutter und Hollywood durchmacht, habe ich auch erlebt«, stellt Meryl

fest. Bis auf die Drogen, so weit ist es nicht gekommen. Was ihr den Rücken gestärkt hat, war die Liebe zu ihrem Mann und seine felsenhafte Liebe zu ihr. »Ich habe selbst erfahren, wie die Filmleute einen fertigmachen können, nur weil man nicht so aussieht, wie man aussehen soll. Bei dieser Rolle kamen all meine ureigensten Unsicherheilten zum Vorschein. Das war wie eine Therapie für mich. Ich habe zum Beispiel auch eine sehr dominante Mutter, die alles leicht nimmt und nicht versteht, wieso ich immer so negativ eingestellt bin. Sie hat ja recht, ich bin nicht so unbeschwert wie sie, die morgens aufsteht und jubiliert, weil ein neuer Tag angebrochen ist. Ich mache mir immer zu viele Gedanken. Ich fahre nicht in Urlaub, ich gebe kein Geld aus, um Spaß zu haben, ich kann das einfach nicht. Ich bin froh, daß ich lebe und daß ich mir den Luxus erlauben kann, mich zurückzuziehen von all dem Trubel, wann immer ich will, ohne mir Gedanken darum machen zu müssen, wovon ich die nächste Miete bezahlen soll.

Manchmal denke ich, was soll das alles? Die Welt geht den Bach runter, nichts verändert sich, und die wollen einen Film mit mir drehen?« Die Schwermut steckt Meryl schon seit ihrer Kindheit in den Knochen. Wem nichts geschenkt wird, der nimmt auch nichts für selbstverständlich hin, hat immer Angst, daß es irgendwann vorbei sein könnte. Der Schlüssel zum Glück ist oft ein Schuß Selbstsicherheit. Damit lassen sich viele Türen öffnen.

»Meine Mutter sagt immer: ›Genieße dein Leben, Kind, deine Berühmtheit, du hast so viel Glück, lauf doch nicht immer davor weg.‹ Ich habe es versucht, wirklich. Ich lasse mich ihr zuliebe am Flughafen von den Fotografen ablichten, aber ich genieße es nicht. Ich kann nicht. Nie und niemals!«

Im Drehbuch stand eine Schlüsselszene, bei der Meryl sofort der Angstschweiß ausbrach: »Als ich an die Stelle kam, wo die Mutter Suzanne auffordert, vor allen zu singen, fühlte ich mich sofort wieder als Zwölfjährige. Das pflegte meine Mutter auch zu tun. ›Komm, deine Oma ist hier, sing uns was vor …‹ Ich habe das gehaßt wie nichts auf der Welt. Aber sie hat nie Rücksicht auf mich genommen.«

»Es war für sie ein Risiko, einen Charakter zu spielen, der ihrem eigenen so verwandt ist. Aber sie hatte eine Geheimwaffe: ihren Gesang«, meinte Mike Nichols, der Regisseur. »Der hat ihr über ihre eigenen Ängste hinweggeholfen.«

Meryl sieht das auch so. »Es stellte sich heraus, das die Rolle mir überhaupt nicht schwerfiel«, sagt sie knapp, dann überlegt sie: »Oder doch?« Sie läßt die himmelblauen Augen in die Ferne schweifen. »Wenn ich nachdenke, dann fällt mir ein, daß die Gesangszene für mich nicht einfach war. Sie war sogar eine furchtbare Quälerei. Jedesmal, wenn ich fertig gesungen hatte, stimmte irgend etwas nicht. Einmal war es der Vorhang im Hintergrund, der ausgetaucht werden mußte ... immer so dumme Kleinigkeiten, an die man vorher gedacht haben könnte. Ich war völlig entnervt. Es war mir schon schwer genug gefallen, überhaupt vor Publikum zu singen, und dann das Ganze immer nochmal und nochmal. Irgendwann konnte ich nicht mehr. Ich wollte nur noch Playback singen. Ich wußte: Ich würde nie mehr so gut singen können wie eben. Aber niemand hörte mir zu. Sie nahmen den Vorhang weg, und ich mußte noch einmal anfangen. Und weißt du was? Ich war besser als all die Male zuvor. Ehrlich.« Meryl beult mit der Zunge die rechte Wange aus und grinst. »Und dann wurde der Champagner rausgeholt, und wir feierten. Ich trank drei Gläser hintereinander aus und war schon ein bißchen beschwipst, als der tödliche Anruf vom Labor kam. Wir müßten die Szene noch einmal machen. Irgendwas war schiefgelaufen. Mike kann sich freuen, daß er noch lebt«, meint sie lachend. »Auf der anderen Seite muß ich zugeben, daß mein Selbstbewußtsein einen kräftigen Schub bekommen hat.«

Am Filmende, wie auch im wirklichen Leben, ist aus der Tochter eine Frau geworden, die sich selbst gefunden hat.

Ein Schrei in der Dunkelheit

Meryl hat Mut zur Häßlichkeit, wenn es die Rolle erfordert. Und sie schreckt dabei vor nichts zurück. Nicht einmal vor 30 Pfund, die sie zunehmen muß, um der Figur, die sie darstellt, auch äußerlich zu gleichen. »Dieser Teil der Vorbereitungen, wo ich essen konnte bis zum Umfallen, war das Beste seit langem überhaupt. Ich stopfte mich voll mit Steaks, Wurst und Hamburgern – wie ein Schwein. Meine Familie staunte. Ich, die sonst so gut wie kein Fleisch esse, muß ihnen wie eine Außerirdische vorgekommen sein.«

In dem australischen Drama EIN SCHREI IN DER DUNKEL-
HEIT, das nach einer wahren Geschichte gedreht wurde,
spielt sie Lindy Chamberlain, eine Mutter, die angeblich ihr
Baby getötet hat und dafür im Gefängnis landet. Jahre später wird Lindy jedoch freigesprochen, die Beweise sind
eindeutig: Es war ein Dingo, ein australischer Windhund,
gewesen. Das Drama begann im August 1980, als Lindy
und ihr Mann Michael, ein Pfarrer der ›Seventh-day Adven-
tist Church‹, mit ihren drei Kindern zu einem Camping-Trip
nach Ayers Rock aufbrachen. In der zweiten Nacht, die
beiden kleinsten Kinder, Baby Azaria und der vierjährige
Aidan, lagen im Zelt und schliefen, hörte der sechsjährige
Reagan seine Schwester schreien. Lindy ging daraufhin
zum Zelt und kam selbst schreiend zurück: »Mein Baby,
ein Dingo hat mein Baby mitgenommen!« Sofort rannten
alle Leute los und suchten mit ihren Taschenlampen die
pechschwarze Umgebung ab – nichts. Azaria und der
Dingo blieben spurlos verschwunden. Auch am nächsten

Tag und an den darauffolgenden. Von da ab änderte sich das Leben der Familie Chamberlain vollkommen. Nicht nur, daß sie ihr Baby verloren hatten, jetzt hatte auch noch eine Hetzjagd auf sie begonnen, die jahrelang andauern sollte.

Als die Dreharbeiten begannen, war Lindy noch nicht freigesprochen. Ihr Einspruch war dreimal abgelehnt worden, und sie wartete auf das Ergebnis des vierten. »Das erschien mir alles so absurd, so willkürlich. Wieso hatte man sie überhaupt verhaftet? Wieso waren die Menschen von ihrer Schuld überzeugt?« fragte Meryl.

Eine Mutter, die ihr Baby verloren hatte, mußte außer sich sein vor Schmerz. Aber Lindy schien völlig unbeteiligt. Den Leuten paßte ihre Art zu reden nicht, sie war ihnen zu frech, trug ihre Röcke zu kurz, und ihr Stolz und ihr felsenfester Glaube an Gott, der es ihr nicht erlaubte, öffentlich zu trauern, verleitete sie zu den verrücktesten Phantasien. Man beschuldigte die Chamberlains der Schwarzen Magie, sie würden einem Teufelskult angehören und hätten diesem ihr Baby geopfert – den Namen Azaria übersetzten einige mit »Opfergabe in der Wildnis«.

Auch die Beweise sprachen gegen die Eltern. Da waren zuerst einmal die Babysachen von Azaria, die man fein säuberlich zusammengefaltet gefunden haben wollte. Das machte kein Dingo. Außerdem waren keine Spuren von Speichel an den Sachen zu finden. Niemand glaubte Lindy, daß Azaria in dieser Nacht noch ein Jäckchen getragen hatte. Überaus skeptisch hörte man ihren sachlichen und ziemlich distanzierten Beschreibungen zu, wie es sich zugetragen haben könnte. Das war so emotionslos, so berechnend, fand man, so sprach nur jemand, der schuldig war. Die öffentliche Meinung erhitzte sich immer mehr. Bald schon gab es überall T-Shirts mit dem Aufdruck ›The Dingo is Innocent‹ (Der Dingo ist unschuldig) zu kaufen.

Zu allem Überfluß wurde Lindy auch wieder schwanger und brachte kurz nach Ende des Prozesse im Jahr 1982, in dem sie schuldig gesprochen und zu lebenslanger Schwerstarbeit verurteilt worden war, ein kleines Mädchen zur Welt. Das Baby blieb bei ihrem Mann, der 18 Monate auf Bewährung erhalten hatte.

Dreieinhalb Jahre später wurde Lindy entlassen. Eine bizarre Geschichte war passiert: 1986 verschwand ein englischer Tourist, der auf den Ayers Rock geklettert war. Nach langem Suchen fand man schließlich seine Leiche und nicht weit davon entfernt, Azarias Babyjäckchen mit vertrockneten Speichelspuren daran. Das war der Beweis, daß das Baby tatsächlich von einem Dingo verschleppt worden war. Lindy wurde entlassen, aber die Verhandlung, die über ihre endgültige Freilassung entscheiden sollte, hatte noch nicht stattgefunden, als die Dreharbeiten für den Film begannen.

Zwei Wochen vor Beginn der Dreharbeiten traf Meryl sich mit Lindy. »Ich fühlte mich sofort zu ihr hingezogen. Erst war ich sehr nervös gewesen, ich hatte die Zeitungsartikel über sie gelesen und Videoaufzeichnungen angehört, um ihre Stimme kennzulernen. Und ich wußte nicht so recht, wie sie sich wohl verhalten würde. Aber das Treffen war eine Erlösung. Sie war zugänglich, ganz normal, richtig lustig. Eine Frau mit viel Humor und einer noch größeren Seele. Ich fand sie sehr inspirierend und war beeindruckt von ihr. Da war so eine Stärke, die sie ausstrahlte und die sie aus ihrer tiefen Religiösität schöpfte. Das ließ sie so cool und hart erscheinen. Für die Dreharbeiten gab sie mir ihre Bibel. Die hatte sie immer bei sich getragen, sie war ein Stück ihrer Seele und sollte mir helfen.

Ich wußte, daß sie unschuldig war. Ich hatte Überlebende von Auschwitz getroffen und ihnen in die Augen gesehen, die waren durch die Hölle gegangen und wieder zurückgekommen. Und Lindy hatte den gleichen Ausdruck in ihrem Blick.«

Das Filmen war kein reines Vergnügen. Die Crew drehte bei 60 Grad Celsius im Schatten am Ayers Rock im australischen Outback. Aber damit nicht genug: Die gesamte australische Presse war ihnen ständig auf den Fersen, und sie war hartnäckiger als die Fliegen, die aus einem weißen T-Shirt sofort ein schwarzes machten, wenn man damit ins Freie trat. Meryl trug obendrein noch eine schwarze Perücke, die sie wie eine Pelzkappe wärmte. »Ich cremte meine Kinder mit Sunblocker ein, was sie überhaupt nicht gut fanden, weil ihnen das Zeug immer in die Augen rann, wenn sie schwitzten. Und sie schwitzten ständig.«

Am meisten ärgerte sie sich aber über die Fotografen, die überall lauerten. So auch vor ihrem Haus in Melbourne, wo sie darauf warteten, daß es etwas abzulichten gab. »Mamie fand das unheimlich aufregend. Sie zog sich splitternackt aus und posierte vor ihren Kameras. Ich dachte, mich tritt ein Pferd, als ich das sah. Die hatten keinen Funken Anstand und knipsten wie verrückt. Diese Scheißkerle! Ich werde verrückt, wenn solche Sachen passieren. Mir kann jeder seinen Ellbogen in die Magengrube stoßen – bitteschön. Aber laßt meine Kinder in Frieden. Ich weiß, ich bin berühmt, aber das bin ich, und meine Kinder sind meine Kinder, die sollen gefälligst außen vor bleiben.«

Einmal brach Meryl in Tränen aus, weil ihr dieser Fotografen-Rummel zuviel wurde. Und ein anderes Mals schlug sie einem Fotografen ins Gesicht. »Ich hätte ihm am liebsten die Augen ausgekratzt.«

Als Lindy Chamberlain den Film sah, war sie darüber nicht erfreut. Sie war zwar glücklich, daß ihre Geschichte verfilmt worden war, jedoch unglücklich über Meryls Aussehen. Sie fand es schrecklich. »Die haben mich so häßlich dargestellt, das ist richtig gemein.«

Meryl hatte auch genug. Wieder zu Hause in Connecticut schwor sie sich, keine Trauerrollen mehr zu übernehmen. »Ich will was zum Lachen haben«, sagte sie. »Es ist wie verhext, früher im Theater habe ich immer die komischen Rollen bekommen, und heute im Film muß ich immer diesen ernsten Mist drehen. Ich habe die Nase voll.«

Die Teufelin

»Mein ist die Rache!« schwört Ruth (Roseanne Arnold), als die attraktive Mary Fisher (Meryl) ihr den Ehemann ausspannt. Die Erfolgsautorin – Spezialgebiet Herz und Schmerz – hat den biederen Buchhalter in ihr rosarotes Domizil gelockt und läßt ihn nicht mehr aus ihren Fängen. Aber die gehörnte Ehefrau gibt keine Ruhe. Sie sinnt auf teuflische Rache. Erst jagt sie das eheliche Eigenheim in die Luft, und dann zersprengt sie das traute junge Glück, indem sie ihm die Kinder aufhalst.

Ruth ist die Verkörperung des Alptraums jeder verheirateten Frau, die sich nicht mehr begehrenswert fühlt. Sie ist so fett und häßlich, daß jegliches Mitleid mit ihr im Keim erstickt wird. Mary Fisher, auf der anderen Seite, ist die Karrikatur der Weiblichkeit schlechthin. Ihr Leben und alles, was sich darin abspielt, wird von einer einzigen Farbe bestimmt: pink. Das fängt bei ihren überlangen Fingernägeln an, die regelmäßig lackiert werden müssen, legt sich wie ein Schleier über ihre gerüschte Garderobe und verschont auch nicht die Villa auf Long Island, New York. Dort, in ihrem Pink-Palast am Meer, schreibt sie ihre Schundromane und versucht, den Männerphantasien zu entsprechen, indem sie das perfekte Weibchen spielt.

»Anfangs dachte ich, daß Susan [Seidelman, die Regisseurin] etwas zu dick aufgetragen hätte. Das Ganze ist so

überspitzt, total schrill und unwirklich. Aber dann habe ich mir ein paar von diesen dämlichen Fernsehserien angesehen und mußte mit Schrecken feststellen, daß dort alle Frauen so aufgedonnert rumlaufen wie ich im Film. Total Barbie Puppe und Baby Doll. Entsetzlich.«

Meryl hatte Wort gehalten und eine Rolle in einem lustigen Film angenommen. Aber diese rosarote Racheschnulze war alles andere als zum Totlachen. Selbst eine Schauspielerin von ihrem Kaliber konnte den Quatsch nicht retten. Das Publikum war irritiert, denn so hatte man Meryl noch nicht gesehen, und man war sich nicht sicher, ob man diese großartige Schauspielerin so sehen wollte. Meryl und billiger Schund, das paßte irgendwie nicht zusammen. Aber es sollte noch schlimmer kommen.

Rendezvous im Jenseits

An diesen Film erinnert sich Meryl überhaupt nicht gern. Anfänglich fand sie das Thema über das Leben nach dem Tod und die unerläßliche Prüfung, bei der herausgefunden werden soll, ob man reif ist für die Harfenklänge im ewigen Paradies, zwar ganz interessant. Es erinnerte sie sogar ein wenig an Sartres DAS SPIEL IST AUS. Aber am Ende der Dreharbeiten fragte sie sich erneut, warum habe ich da mitgespielt?

Sie war gerade mit ihrem vierten Kind schwanger, aber das fiel nicht weiter auf. Die lebenden Toten in diesem Film von Albert Brooks waren in wallende, engelsgleiche Kleider gehüllt. Im Gegenteil: Die Schwangerschaft gab ihr sogar eine gewisse überirdische Schönheit, die durchaus zum Thema paßte. Vielleicht waren ihre Antennen schon zu sehr auf das neue Baby eingestellt, vielleicht wollte sie auch nur noch schnell ein paar Dollar verdienen, bevor sie

sich wieder als Mutter in ihr Haus im Wald zurückzog? Vielleicht wollte sie sich aber lediglich beweisen, daß sie Karriere, Kinder und Küche prima unter einen Hut bekam. Wer weiß. Vielleicht – und das scheint am wahrscheinlichsten – konnte Meryl nicht zu Hause sitzen und Babyhäubchen häkeln. Davon hatte sie ja schon genug.

Der Tod steht ihr gut

Angeschlagen von den letzten beiden Flops, drückte sich Meryl nach den Dreharbeiten diesmal vorsichtig aus: »Filmgeschichte werde ich damit sicher nicht machen, aber ich bin trotzdem überrascht, wie gut der Film doch noch geworden ist.« Ihr Baby, ein Mädchen, das auf den Namen Louisa Jacobson hört, strampelte mittlerweile in der Wiege, und die überflüssigen Pfunde, die Meryl danach mit sich herumgetragen hatte, waren wieder verschwunden. Rank

und schlank, strahlend schön und 42 Jahre jung, posierte sie für die Kameras – eine Meryl, die ihre Fans diesmal mit Sex-Appeal überraschte. Kein Wunder, der Film handelte von ewiger Jugend und Schönheit. Ein Thema, von dem sie sich selbst verfolgt fühlte, denn in ihrem Job zählt nicht nur Talent, sondern vor allen Dingen Aussehen. So sehr sie auch den Perfektionismus der Traumfabrik Hollywood verabscheute, sie mußte das Spiel mitspielen, wenn sie nicht auf dem Altenteil landen wollte. Und dafür, fand sie, sei es noch zu früh.

Hocherfreut über das neue Filmangebot tauchte sie im Filmstudio auf. Doch die Produzenten und der Regisseur waren schockiert: Meryl war ziemlich aus dem Leim geraten. Man stellte sie vor die Wahl: entweder auf die Rolle zu verzichten oder zu schwitzen. Natürlich entschloß sie sich für das letztere und wurde zu sechs Wochen härtestem Fitneßtraining verdonnert. »Jeden Tag sechs Stunden – von der Diät ganz zu schweigen. Es war mörderisch. Und zu Hause lag Louisa und verlangte meine ungeteilte Aufmerksamkeit.« Die Quälerei zahlte sich schließlich aus. Und die wenigen Stellen, die nicht mehr ganz so fest und knackig waren, würde die Kamera gnädig übersehen. Mit dieser Figur konnte sie jedenfalls neben der gutgebauten Goldie Hawn, die ihre Jugendfreundin spielte, bestehen.

»Als man mir das Drehbuch schickte, dachte ich, ich sollte Helen spielen, diese prüde und zugeknöpfte, aber superintelligente Autorin, die ihren Verlobten an die Sex-Diva verliert. Doch es war genau umgekehrt. Goldie, die Frau mit der absoluten Wahnsinnsfigur, spielte das graue liebe Mäuschen. Wenn ich ehrlich bin, muß ich zugeben, daß ich außer mir war vor Freude. Noch nie hatte man mir so eine sexy Rolle angeboten. Doch dann brach bei mir wieder der kalte Schweiß aus. Ich kann nicht tanzen. Überhaupt nicht. Und gleich zu Anfang ging das ja schon los.

Ich war auch am Boden zerstört, als ich las, daß ich völlig ungeschminkt, häßlich bis zum Weggucken, neben Isabella Rossellini sitzen mußte, der schönsten Frau der Welt. Dafür allein verdiene ich schon eine Medaille. Aber – Scherz beiseite – es hat alles in allem doch Spaß gemacht. Das Beste daran war allerdings, am Ende jedes Drehtages konnte ich nach Hause gehen und lieb zu meiner Familie sein.«

Meryl hatte inzwischen ein Haus auf den Santa Monica Mountains gekauft und ihre Familie dorthin verpflanzt, weil der Film in Hollywood gedreht wurde und die Drehdauer mit sieben Monaten veranschlagt war. Sie hatte sich dazu durchgerungen, im Zelluloidparadies zu residieren, denn da draußen in Connecticut war sie zu weit ab vom Schuß. Ihre Hollywood-Antipathie war der zwingenden Notwendigkeit gewichen, präsent zu sein, wenn sie nicht im Aus landen wollte.

Aufgekratzt und zuversichtlich plauderte sie auf der Pressekonferenz mit den Journalisten. Erzählte, daß sie Bruce Willis ganz süß fände und nicht verstünde, warum man ihm so eine schlechte Presse gäbe. »Er ist extrem fleißig und sehr interessiert und offen für alles. Und er war sich nicht zu fein, diese Rolle zu übernehmen, die ihn ja weiß Gott nicht im besten Licht zeigt. Es gab viele männliche Stars – nein, ich nenne keine Namen –, die sich nicht dazu herablassen wollten, sich von zwei führenden Schauspielerinnen die Show stehlen zu lassen.« Das neue Selbstbewußtsein schien ihr gut zu bekommen. Sie stellte sich den Fotografen und schien wie von der wilden Hummel gestochen. Meryl hatte anscheinend auch eine innere Fitneßkur durchgemacht und ihre Abneigung gegen Journalisten wegtrainiert.

»Aber eines weiß ich heute ganz sicher«, sagte sie am Ende der Pressekonferenz, »nie wieder werde ich einen Film mit

Spezialeffekten drehen. Wir haben monatelang geschuftet, und es war oft sterbenslangweilig. So lange habe ich noch nie für einen Film gebraucht.« Was viel Zeit erfordert hatte, waren Szenen, in denen sie nach einem Treppensturz mit verdrehtem Hals – das Gesicht über dem Po – wieder aufsteht. Das war reinste Präzisionsarbeit. »Ich habe jetzt einen Mordsrespekt vor Bob Hoskins, der FALSCHES SPIEL MIT ROGER RABBIT ohne einen anderen Schauspieler, nur mit Zeichentrickfiguren gedreht hat. Bob mußte immer in eine bestimmte Richtung sprechen, wo nachher die Cartoons eingebaut wurden. Und man muß so verdammt akkurat sein. Steht man auch nur einen Millimeter zu weit links oder rechts, macht der Computer nicht mehr mit.« Mit Schauspielkunst hatte das alles nichts zu tun, aber sie wollte sich nicht beklagen. »Man sagt mir sowieso schon nach, daß ich schwierig und kompliziert bin, ich halte mich da lieber raus.«

Der Film war eine Persiflage auf die Gesellschaft, in der nur zählt, wer jung und schön ist, wo Falten entweder ausgebügelt oder in die Ecke gestellt werden. Aber er zeigt vor allen Dingen, wie absurd es ist, sich vom Schönheitsfimmel leiten zu lassen. »Ich gucke mir meine Falten auch an, klar. In meinem Geschäft hängt mein Marktwert ja unmittelbar davon ab, wie jung ich aussehe und wie gut. Und mein Job ist mein Leben. Wenn es also sein muß, dann mache ich das und lege mich unter das Messer. Aber ich hoffe, daß es sich vermeiden läßt. Da kann ja immer was schiefgehen, und dann kann ich nur noch Horrorfilme drehen«, meint sie plötzlich lachend. »Privat und für mein Selbstbewußtsein brauche ich das nicht. Mein Mann liebt mich auch mit Falten. Und meine Kinder auch.« Meryl ist sogar stolz darauf, daß sie am liebsten Fünfe gerade sein läßt, wenn sie zu Hause ist. »Ich hab' es mal geschafft, mein Haare drei Wochen lang nicht zu waschen.«

Die Geschichte um das Jungbrunnen-Spektakel ist schnell erzählt: Die abgetakelte Schauspielerin Madeline Ashton (Meryl) spannt ihrer klugen Freundin Helen (Goldie) ewig die Männer aus. Und den letzten, gespielt von Bruce Willis, heiratet sie sogar. »Ich habe mich gefreut, daß man mir so einen fiesen Charakter gegeben hat. Ich bin eine durch und durch gemeine Person. Wunderbar. Das ist mal was ganz anderes. Madeline hat keinen Funken Freundlichkeit oder Mitgefühl in ihrem Körper.«

Aber niemand wird glücklich. Madeline wird zickig, Helen versucht ihren Kummer mit Kartoffelchips und Eiskrem zu vergessen, bis sie zur Unkenntlichkeit aufquillt, und der Ehemann – einst ein angesehener Schönheitschirurg – ist zum elendigen Säufer verkommen und darf nur noch Leichen aufputzen. Aber nun fängt es erst an. Nach zwölf fetten Jahren erscheint Helen plötzlich wieder auf der Bildfläche – als gertenschlanke, sexy Buchautorin. Bei Madeline gehen sofort alle roten Lämpchen an, und der Neid treibt sie in die Arme einer Schönheitshexe (Isabella), die ihr ein Elixier anbietet, das ewige Schönheit garantiert. Der Haken dabei: Diese Tropfen machen unsterblich. Natürlich kommt Helens plötzliche Schönheit aus dem gleichen Flakon, und die beiden sind bis in alle Ewigkeit aneinander gekettet.

»Ich wundere mich, woher dieser Zwang bei Frauen kommt, sich hübsch zu kleiden, statt sich anzuziehen, weil es kalt ist oder weil man eben nicht nackt rumläuft. Ich war davon ja auch ziemlich besessen, zu meiner Highschoolzeit. Und jetzt beobachte ich dieses Phänomen bei meinen beiden älteren Töchtern. Die nerven mich mit ›ich muß unbedingt diese Jeans haben, Mami‹ und ›diese Schuhe tragen jetzt alle, ich kann nicht mit den alten Dingern rumlaufen, was denken die dann von mir?‹ oder ›ich will solche Locken wie das Mädchen da auf dem Bild‹. Das macht mich ganz verrückt. Ich sage ihnen dann, daß es doch egal ist, was die anderen denken. Ich halte das für krank, verdammt nochmal. Aber es ist so schwer, ihnen das klarzumachen.«

Diesen Film durften sich ihre Kinder ansehen. Henry ging mit seinen Freunden ins Kino und war begeistert von seiner komischen Mutter. Aber ihr drittes Kind, Gracie, weinte. »Bei der Szene, wo ich total auseinanderfalle, rannen ihr die Tränen über die Wangen. Sie konnte nicht verstehen, daß es nur ein Film war. Mein Schätzchen dachte, ich hätte mir wirklich wehgetan.«

Das Geisterhaus

Der Film, gedreht nach dem gleichnamigen Roman von Isabel Allende, erzählt in weitläufigen Bildern die Geschichte einer chilenischen Familie, deren Leben von den politischen Spannungen, die das Land seit 1973 ausbluten lassen, bestimmt wird. Das Staraufgebot versprach einen Klassiker, der noch in 50 Jahren die Menschen in die Kinos locken würde. Diesmal befindet sich Meryl in exquisiter Gesellschaft. Hauptfiguren sind der ultrarechte Großgrundbesitzer Esteban Trueba (Jeremy Irons) und drei Frauen: seine Schwester Ferula (Glenn Close), seine Frau Clara (Meryl) und seine Tochter Bianca (Winona Ryder). Außerdem spielen noch Vanessa Redgrave und Armin Müller-Stahl mit als die Eltern von Clara.

Die stille Clara, die sich durch große Sanftmut auszeichnet, wirkt hell und ätherisch und ist mit übersinnlichen Kräften ausgestattet. Sie kann in die Zukunft blicken, aber leider nichts verhindern. Nach der Ermordung ihrer wunderschönen Schwester hört sie auf zu sprechen. Doch nach neun Jahren bricht sie ihr Schweigen, um ihre Hochzeit mit dem

verwitweten Schwager bekanntzugeben. Das faszinierende an dieser Rolle für Meryl war, daß sie im Film mehr als 60 Jahre altert. Eine Herausforderung nicht nur an die Maskenbildner, sondern auch an ihr schauspielerisches Talent. Übrigens, Falten waren erwünscht.

In diesem Film spielten viele, viele Frauen mit. Und Jeremy Irons, mit dem Meryl schon einmal zusammen einen Film gedreht hatte, fühlte sich ziemlich eingeschüchtert, regelrecht in die Ecke gestellt. »Er war etwas isoliert«, gab Meryl zu, »sein Charakter war einsam. Und wir zogen selbst seine Frau auf unsere Seite, als sie kam. Wir redeten und alberten mit ihr rum, während er auf der anderen Seite stand, völlig außen vor gelassen.«

Der Knüller aber kam erst viel später. Meryl hatte diesmal eine eiserne Regel durchbrochen, die sie vor einigen Jahren aufgestellt und seitdem vehement verteidigt hatte: Die junge Clara wird gespielt von ihrer zehnjährigen Tochter Mary Willa (Mamie). »Ich verbiete meinen Kindern nichts,

sie sollen sich die Hörner selbst abstoßen. Und wenn Mamie Talent hat – warum nicht? Sie weiß aus allererster Quelle, daß es harte Arbeit ist. Und darum bin ich sicher, daß sie nicht ausflippen wird.« Meryls einzige Bedingung: Mamies Name wird nicht erwähnt. Übrigens: Es ist Mamies zweiter Film. In SODBRENNEN war sie schon einmal zu sehen – als Rachels Baby. Meryl erinnert sich und schmunzelt: »Sie war damals 20 Monate alt, und wenn der Regisseur ›Cut!‹ rief, fragte sie immer ›nochmal?‹. Sie hatte mehr Energie als 55 Lokomotiven. Nur als man ihr die Haare braun färbte, lag sie steif wie ein Stockfisch da, der darauf wartet, verspeist zu werden. Aber sie hat nicht geweint.«
Der Sproß der großen Dame des Films verspricht, es ihrer Mutter einmal gleichzutun. Warten wir es ab. Reporter, die davon Wind bekommen hatten, daß sich Mary Willa Gummer hinter dem Namen Jane Gray verbarg, wurden allerdings wieder enttäuscht. Meryl wachte wie eine Glucke über ihrem Kind. Sie ließ niemanden zu nahe kommen.
In diesem Film standen Glenn Close und Meryl zum ersten Mal gemeinsam vor der Kamera. Eine Gelegenheit für viele, einen Skandal zu wittern. Doch über die angebliche Rivalität zwischen ihnen können die beiden nur lachen. Ihre Wege haben sich oft gekreuzt, und sie haben eine gemeinsame Freundin, Mary Beth Hurt. Glenn: »Ich wußte, wenn wir mal zusammen arbeiten würden, daß es etwas Besonderes sein würde.«
»Daß wir uns hassen, kommt von außen. Man ist schon dankbar, wenn man gute Drehbücher angeboten bekommt, und man kämpft auch um die Rollen, aber gegeneinander? Das ist Quatsch.« Witzig ist jedoch, daß die beiden Diven des heutigen Films mit den gleichen Vorurteilen zu kämpfen haben: Sie seien nicht sexy, zu spröde und so weiter. »Ich mußte für EINE VERHÄNGNISVOLLE AFFÄRE vorsprechen«, sagt Glenn, »weil niemand mir zutraute, daß

ich sexy sein könnte.« Eine gewisse Spannung herrscht allerdings doch zwischen den beiden. Glenn: »Mich sprechen viele Leute auf der Straße an und sagen ›Wissen Sie, daß Sie wie Meryl Streep aussehen?‹ Das geht ja noch, aber meistens werde ich mit ihr verwechselt, und darum sage ich, bevor ich ein Autogramm gebe: ›Ich bin nicht Meryl Streep‹.« Meryl kennt die Geschichte von der anderen Seite. Sie erlebt ähnliches. Wie zum Beispiel auf ihrer Promotion-Tour für DAS GEISTERHAUS in Deutschland. In einer Talkshow wurde sie von der Interviewerin ständig mit ›Frau Close‹ angeredet. Meryl hüllte sich dazu in Schweigen, aber ihre Stirn sprach Bände – sie legte sich in Falten.

Meryl zieht alle Register

»Wird Meryl Streep der neue weibliche Schwarzenegger?«
fragten die Zeitungen, als die Dreharbeiten zu AM
WILDEN FLUSS bekanntgegeben wurden. Diesmal hatte
sie weder einen neuen Akzent gelernt noch sich Fettpol-
ster angefuttert oder abgehungert. Diesmal versuchte sie,
auf der großen Welle der Box-Office-Hits mitzuschwim-
men, und fing an, Gewichte zu stemmen. In der atembe-
raubenden Wildnis von Libby, Montana, konnte man sie
beobachten, wie sie sich mit Hanteln, Expandern und son-
stigen Folterinstrumenten quälte und mit Aerobic und
Yoga nach dem letzten Schliff strebte. Obendrein lernte sie
schießen, die Kunst des Fly-Fishings und warf sich todes-
mutig mit einem Gummifloß in den wilden Fluß.
»Diesmal«, so mutmaßte man, »geht es ihr nicht um Oscar
und Co.« Es sah ganz so aus. Meryl hatte ihr Comeback
genau geplant. Als erstes feuerte sie ihren langjährigen
Agenten Sam Cohn und ging bei der einflußreichen Agen-
tur CAA unter Vertrag. Sie war es leid, nur noch in zweit-
oder drittklassigen Streifen mitzuwirken. Jetzt, 44 Jahre alt,
wollte sie es noch einmal wissen. Und es dauerte nicht
lange, da flatterten ihr interessantere Angebote ins Haus.
Zuerst kam die deutsche Produktion DAS GEISTERHAUS
und dann AM WILDEN FLUSS.

Und wieder kämpft sie mit altbekannter Verbissenheit. Nur hier ist weniger schauspielerische Finesse gefragt. Ihren Wechsel von der Charakter- zur Abenteuerdarstellerin muß sie teuer bezahlen – mit vom Rudern blutigen Blasen an den Händen, mit unzähligen unfreiwilligen Bädern im eiskalten Gebirgswasser, mit Muskelkater und Wespenstichen. Aber sie klagt nicht. Schließlich hat sie mehr als einmal den Mund aufgemacht und nach starken Frauenrollen gerufen. Jetzt konnte sie zeigen, wie ernst es ihr damit war.

Diese Rolle war ihr sogar auf den Leib geschrieben worden. Der Autor, Denis O'Neill, ist mit der Kunsthändlerin Deborah McLeod verheiratet, die Meryls Mann Don kennt. Und so kam das Drehbuch zu Meryl. Nachdem es von Universal mehrmals umgeschrieben worden war, hielt sie einen lupenreinen Action-Abenteuer-Western in den Händen, der ihr gefiel. »Ich wollte mich endlich einmal physisch völlig verausgaben«, sagte sie, »und das war genau der richtige Stoff.«

Der Film AM WILDEN FLUSS handelt von der Taubstummenlehrerin Gail Hartman (»Sie hat doch einen neuen Akzent gelernt«, witzelten die Kritiker), die mit ihrer Familie in die Wildnis fährt. Zum einen, weil der Geburtstag ihres zehnjährigen Sohnes dort gefeiert werden soll, und zum anderen, um ihre Ehe zu retten. Der Ausflug entwickelt sich jedoch zum Alptraum, denn Vater, Mutter und Sohn werden von zwei Fremden bedroht und gekidnappt. Gefangen in der wunderschönen Landschaft, kämpft die Familie nun gemeinsam gegen die Feinde und die natürlichen Elemente. Die Wildwasserfahrten auf dem Fluß sind Action pur.

Für die ganz gefährlichen Szenen gab es natürlich ein Double. In diesem Fall sogar zwei, denn es erfordert eine Menge Geschick, das Floß durch die tückischen Strom-

138

schnellen zu lenken. Aber unter der grünen Baseballkappe ist schwer zu erkennen, ob Meryl oder Arlene die Ruder schwingen. Die Präsidentin vom U.S. Women's White-Water-Team sprang ein, wenn der Hubschrauber die wilde Fahrt auf dem Fluß verfolgte. Für Nahaufnahmen war Kelly da, Meryls zweites Double. Und diese beiden könnten Zwillingsschwestern sein, wenn Kelly mit falscher ›Meryl-Nase‹ im Bild erscheint.

»Ich bin stark in diesem Film, Honey, mein Gott bin ich stark. Ich habe mich dafür beinahe umgebracht, so stark zu sein. Ich habe mein Leben mehrmals aufs Spiel gesetzt, und ich weiß, daß ich im Film mehrmals lautstark ›Nein!‹ schreie, ohne Gewehr. Fünf verdammte Monate lang. Und das eine Mal, wo ich ›Nein!‹ mit Gewehr brülle, das benutzen die Filmfritzen für ihre Werbung.« Meryl ist grün vor Wut. Ausgerechnet sie, die sich für die Aktion ›Saubere Leinwand‹ einsetzt, wird als Rambo in den Werbeminuten für ihren neuesten Film porträtiert. Natürlich hatte man sie gefragt, ihr angeboten, sich den Ausschnitt anzusehen. »Wunderbar, fand ich, bis auf das Gewehr. Das muß weg. Ich halte einmal ein Gewehr für 20 Sekunden in den Händen – in einem Film, der 120 Minuten dauert, und die finden, das repräsentiert die Geschichte? Das ist lachhaft. Ich sagte also NNNNEINNNN!!!!! Aber sie argumentierten, daß ich da in Nahaufnahme zu sehen sei. Ich entgegnete, seht euch den Film noch mal an, es gibt mehrere Nahaufnahmen von mir – ohne Revolver.«

Das Ganze fand kurz vor Weihnachten statt, und Präsident Clinton hatte zwei Tage zuvor an die Filmindustrie appelliert, weniger Gewalt zu zeigen. Aber der Streit ging weiter. »Wir finden keine andere Nahaufnahme‹, sagten sie. Die hatten tatsächlich die Frechheit, zu behaupten, daß in dem ganzen Film mein Gesicht nicht zu sehen sei. Ich bin beinahe auf jedem Bild zu sehen. Ich sagte also, daß ich das nicht glaube, und sie wollten sich mit mir treffen und mir das alles erklären. Doch noch bevor es dazu kam, sah ich eben diesen Werbespot im Fernsehen. Um 19 Uhr. Das bedeutet, daß mehr Zuschauer diesen Auszug gesehen haben, als sich je den Film angucken werden. Und das alles, ohne vorher meine Erlaubnis einzuholen.« Das Treffen fand nie statt. »Aber ich bekam einen Brief, in dem stand, daß man mit meinem Verständnis rechne, denn der Werbespot war bei den Tests als Sieger hervorgegangen und so weiter. Zielgruppe: 18-25jährige. Das sollte ein guter Grund sein? Ein Grund, mich zu überzeugen? Das war ein Grund, diese Werbung nicht zu wählen.«

Doch Meryl resignierte. Sie hielt sich Augen und Ohren zu und sagte: »Es hat ja doch keinen Zweck.« Ihr Comeback hatte sie sich anders vorgestellt.

Action-Meryl

Neues Image

Interview mit Meryl Streep

Neues Image

Immer wenn Gail nicht mehr weiterwußte, wenn die Welt sich gegen sie verschworen zu haben schien, die Probleme ihr über den Kopf gewachsen waren, ging sie zum Fluß. Er war ihr Freund. Seine ungezügelte Kraft schreckte sie nicht ab. Selbst wenn er ihr Schlauchboot in die weißschäumenden Strudel zog, die sie mit ihrem ewigen Kreisen ins Nichts zu befördern drohten. Gail hatte gelernt, auf ihn zu hören, sich ihm anzuvertrauen. Sie wußte, daß er sie im nächsten Moment wieder auf glasklarem, spiegelglatten Wasser treiben lassen, ja beinahe zärtlich wiegen würde. Sie waren ein gutes Team, der wilde Fluß und das junge Mädchen. Er forderte sie heraus, und sie konnte an ihm wachsen. Ein paar Stunden angespannter Aufmerksamkeit auf seinen Stomschnellen brachten jedesmal Klarheit in ihre Gedanken. Und die neugewonnene Ausgeglichenheit machte sie unverwundbar. Bis zum nächsten Mal.

Diesmal war es anders. Gail war kein Teenager mehr, sondern Ehefrau und Mutter. Auch lebte sie nicht mehr in den Bergen, sondern in der großen Stadt, Flugstunden entfernt. Ihre Ehe droht der Arbeitswut ihres Mannes zum Opfer zu fallen, schon lange hat er keine Zeit mehr für sie und die

Kinder. Aber Gail gibt nicht auf. Sie wagt einen letzten Versuch.

AM WILDEN FLUSS ist die Geschichte einer Frau, die mit einem Schlauchboot-Trip auf dem Fluß ihrer Kindheit ihre Ehe zu retten versucht. Natürlich kommt alles ganz anders. Aber bis zum Happy-End fließt viel Wasser den Fluß runter, und das Publikum erlebt eine Meryl Streep, wie es sie noch nicht gesehen hat.

Diesmal war es aber kein fremder Akzent, wenn man davon absieht, daß sie sich perfekt mit ihrem taubstummen Vater unterhält – in Zeichensprache. Das Bemerkenswerte an der neuen Meryl Streep ist, daß sie mit 44 Jahren den Sprung ins Action-Fach gewagt hat. Als weiblicher Bruce Willis, wie die Zeitungen schrieben, meistert sie den wilden Fluß mit all seinen Tücken und läßt sich nur in den allergefährlichsten Momenten doubeln.

In der Presse wird sie dafür mit gütiger Zurückhaltung gelobt. Niemand traut sich, diese Vollblutschauspielerin zu kritisieren. Man konzentriert sich auf ihr Markenzeichen, die Perfektion, und daran gibt es – wie üblich – nichts zu rütteln. Ihr Mut und ihr Können sind absolut Streep-like. Aber man läßt durchblicken, daß sie für solch ein Abenteuer zu alt ist. Eine Frau in den Mittvierzigern hat in einem Action-Film nichts zu suchen. Erst recht natürlich nicht, wenn sie Meryl Streep heißt. Zwischen den Zeilen liest man, daß sie den Zug verpaßt hat und es nun aller Welt noch einmal zeigen will. Im mitleidigen Ton wird ihren Filmerfolgen aus den 70ern nachgetrauert. Und laut Newsweek war JENSEITS VON AFRIKA ihr letzter Hit. Alles, was danach kam, könne man vergessen, schrieb das Magazin, einschließlich DAS GEISTERHAUS. Fazit: Meryl Streep paßt nicht in die 90er.

Dabei gab es Filme, die ihr entsprochen hätten, wie THE REMAINS OF THE DAY oder THELMA & LOUISE. Was war schiefgelaufen? Hatte Hollywood sich gerächt? Für die Götter der Scheinwelt hatte Meryl anscheinend den Mund zu voll genommen, wenn sie lautstark gegen die Geschlechter-Diskriminierung auf der Leinwand gewettert hatte. Und niemand ist Star genug, um ohne Pressezirkus und ständiges Geschmuse mit den richtigen Leuten gute Rollen zu erhalten. Alles Dinge, die sie von ganzem Herzen verabscheut, die ihr kalte Schauer den Rücken hinunterjagen. Meryl gibt unumwunden zu, daß ihr immer weniger gute Drehbücher angeboten wurden. Manchmal kamen wochenlang sogar überhaupt keine. Ein weiterer Beweis für sie, daß eine Frau, die die Schallgrenze der Vierziger überschritten hat, in Hollywood einpacken kann. Und das hat sie dann schließlich auch getan. Nach knapp drei Jahren im Westen hat sie sich mit der Familie wieder ganz nach Connecticut zurückgezogen, in die verschlafene Abgeschiedenheit an der Ostküste, wo sich die Füchse Gute Nacht sagen und Marie Louise Gummer eine ganz normale Hausfrau und Mutter ist.

Interview mit Meryl Streep

Hoch über dem Ufer des Lake Flathead klopft ein Specht. Birkenblätter flattern wie tausend Schmetterlinge im Wind, und hohe, schwarze Fichten lassen die Sonne nicht durchscheinen, die sich schüchtern durch die graue Wolkendecke zu schieben versucht. Der perfekte Rahmen für einen dramatischen Auftritt. Aber Fred, das Monster vom See, das in den dunklen Fluten hausen und größer als Nessie sein soll, zeigt sich nicht. Als uns die Augen weh tun, geben wir auf. Mein Gegenüber lacht, schüttelt die lange Blondmähne und streicht seinen dunkelblauen Wollblazer glatt. Sie wirkt so zerbrechlich und etwas unsicher, wie sie

da auf dem rustikalen Holzstuhl sitzt. Die Spitzen ihrer Füße in den Cowboyboots zeigen schüchtern nach innen. Aber Meryl Streep, die gekommen ist, um ihren neuen Film, AM WILDEN FLUSS, zu promoten, taut schnell auf. Im Laufe des Interviews steht sie auf, um sich mit überkreuzten Beinen auf den Rasen zu hocken, fährt sich immer wieder mit den Händen durch das seidige Haar, zupft am Kragen ihrer grauen Rüschenbluse und lacht oft und herzlich.

Frage: Sie haben überlebt – machen Sie jetzt einen großen Bogen um Wildwasserbäche?
Antwort: Als die Dreharbeiten beendet waren, konnte ich erstmal kein Wasser mehr sehen – selbst die Klospülung hat mich nervös gemacht. (lacht)
Frage: Sie sind nicht unbedingt die typische Workout-Vertreterin. Wie lange haben Sie gebraucht, bis Sie körperlich fit waren?

Antwort: Oh mein Gott, für die Ruderszene am Anfang habe ich vier Monate trainiert. Jeden Morgen um fünf Uhr aufstehen und zwei Stunden lang unter Anleitung rudern. Das war strapaziös, aber wichtig, denn wenn man das nicht richtig beherrscht, sieht das blöd aus. Um oben rum kräftiger zu werden, habe ich zusätzlich dreieinhalb Stunden täglich Krafttraining, Yoga und Aerobic gemacht. Später kam dann ein zweiwöchiger Crash-Kurs in Wildwasser-Raftig dazu. Und das alles bei nur 900 Kalorien pro Tag! Ich habe praktisch ein halbes Jahr lang nichts Gekochtes gegessen.

Frage: Bei einigen Szenen stellen sich sogar beim Zuschauer die Nackenhaare aufrecht. Wie gefährlich war es in Wirklichkeit?

Antwort: Anfangs dachte ich, nun, die bauen ein paar spannende Momente ein und – that's it. Schließlich gibt es ja Stuntleute. Ich nahm an, daß man mich auf Holzblöcke an einer sicheren Stelle im Fluß plazieren würde und das Ganze dann ein bißchen hin- und herwackeln läßt. Ich hatte ja keine Ahnung!!!! Die passen schon auf dich auf, dachte ich. Schließlich bist du der Star. Ha! Und dann die Schinderei und die vielen Momente, wo es brenzlig wurde. Abend für Abend bin ich todmüde ins Bett gefallen. Ich konnte mich nicht mal dazu aufraffen, mitten in der Nacht auf das Klo zu gehen. Und vor dem Einschlafen habe ich fünf Minuten lang das Kissen geboxt. So wütend war ich.

Frage: Wieso haben Sie so viele Szenen selbst gespielt, statt die Stunts das machen zu lassen?

Antwort: Das war wie eine Droge – am nächsten Morgen konnte ich es jedesmal nicht erwarten, wieder auf das Wasser zu kommen.

Frage: War Curtis Hanson [der Regisseur] nicht besorgt um seinen Star?

Antwort: Jein! (lacht) Er meinte, es sei besser, wenn ich selbst ein paar Stromschnellen meistern würde. Und ich sagte, okay, aber wenn ich das mache und ertrinke, dann bin ich das auch selbst und dein Film ist im Eimer.

Frage: Das hat sie aber nicht davon abgehalten. Hatten Sie Angst?

Antwort: Oh jaaaaa. Ständig. Einmal kippte das Ding um, ich ging über Bord und tauchte 500 Meter flußabwärts erst wieder auf. Dieser Schock steckt mir heute noch in den Gliedern.

Frage: Wie haben Sie sich – außer mit Fitneßtraining – auf die Rolle vorbereitet?

Antwort: Meine Trainerin, Kelley Kalafatich, hat gesagt, egal, was du gelernt hast – vertrau im Ernstfall auf deinen Instinkt. Du mußt den Fluß verstehen lernen, auf ihn hören, eins sein mit ihm.

Frage: Haben Sie seit Ihrem Ausflug in den Actionfilm mehr Achtung für Schwarzenegger & Co.?

Antwort: Was den Aspekt der Gefahr betrifft, ja.

Frage: Die Medien schreiben, daß Sie verzweifelt an einem neuen Image gearbeitet haben, weil Ihre Karriere ziemlich im Keller war.

Antwort: Das ist Bullshit! Mein Image, oder was Leute über mich denken, interessiert mich so viel (sie hält die rechte Hand hoch und preßt Daumen und Zeigefinger zusammen). Wenn mich eine Rolle irgendwo im Inneren kitzelt und ich denke, daß sich daraus was machen läßt, dann bin ich dabei. Wenn nicht, dann laß' ich es sein. Da bin ich total egoistisch. Ich habe genug Geld. Ich hätte nie solche Filme wie WOLFSMILCH oder EIN SCHREI IN DER DUNKELHEtT gemacht, wenn ich mich um mein Image in Hollywood sorgen würde. I don't give a shit! Ich weiß noch nicht mal, wer die großen Studiobosse sind.

Frage: Truman Capote schrieb, daß Meryl Streep wie ein Nasenbär aussieht. Hat Sie das auch kaltgelassen?

Antwort: Das hat weh getan. Aber noch mehr verletzt hat mich eine andere Bemerkung von ihm, nämlich, daß ich den falschen Beruf ergriffen hätte. Aber als Schauspielerin muß man ein dickes Fell haben. Es darf mir nichts ausmachen, für viele der Arsch vom Dienst zu sein.

Frage: Was hat Sie an dieser Rolle gereizt? War es die starke Persönlichkeit von Gail?

Antwort: Die hat sich erst später rauskristallisiert. Was für mich zählte war der Gedanke, vier Monate in Montana zu drehen. Das war einfach cool. Ich wollte raus aus dem Studio, meine körperlichen Grenzen erfahren.

Frage: Selbsterfahrung oder Midlife-Crisis?

Antwort: Wenn man Kinder hat und ein bestimmtes Alter erreicht, ist man ziemlich eingerostet. Ich jedenfalls. Ich habe mich immer öfter dabei ertappt, daß ich meine Kinder gemaßregelt habe. Laß das sein! Geh nicht zu nah an die Straße! Paß auf, daß sie das nicht in den Mund steckt! Komm da sofort runter! Sofort!!! (lacht lange) Bis ich plötzlich gemerkt habe – Mensch, die haben Spaß! Und das hat mich nicht mehr losgelassen. Ich wollte auch wieder Kind sein. Wieder ist gut – ich war nie Kind, ich fühlte mich immer schon alt. Also, ich wollte auch den Baum ein bißchen zu hoch raufklettern, als Erste auf das Eis, wenn es noch dünn ist …

Frage: Hat das Ihren Kindern imponiert?

Antwort: Nein, kein bißchen. Schon gar nicht meinem Ältesten [Henry, 14]. Für den ist alles FORREST GUMP [in diesem Film sind fast alle Bilder mittels Digitaltechnik entstanden. Forrest läuft z.B. in Wirklichkeit nicht durch die Weiten Amerikas, er schüttelt auch nicht Präsident Nixon die Hand oder spricht mit John F. Kennedy]. Als wir uns meinen Film angeguckt haben, hab' ich ihn immer angestupst und geschrien: »Das mach' ich wirklich, diese Stromschnelle, da bin ich tatsächlich durch.« Hat ihn total kaltgelassen. Aber meine ältesten Mädchen, Willa (11 Jahre alt) und Grace (8 Jahre alt), hatten furchtbare Angst. Die sind noch nicht so computermanipuliert. Kevin, der den Bösen spielt, lebt nicht weit von uns in Connecticut, und nach dem Film haben sie gesagt, daß sie ihn nie wieder besuchen wollen.

Frage: Wie lange haben Sie nach so einer Action-Rolle gesucht?

Antwort: Überhaupt nicht. Sie ist mir in den Schoß gefallen. Und ich war begeistert.

Frage: Und das Drehbuch?

Antwort: Am Anfang war es ziemlich verworren. Es war nicht klar, warum alle Welt auf den Fluß wollte. Warum mein Charakter, Gail, den Glauben an ihren Mann verloren hat, was sie sich selbst beweisen will und so weiter und so weiter. Diese inneren Konflikte wollte ich noch herausarbeiten. Aber die Hauptsache für mich an der ganzen Sache war der Spaß!

Frage: Sie sind dafür bekannt und berüchtigt, daß Sie gern am Drehbuch rumbasteln. Wie schon mal bei KRAMER GEGEN KRAMER. Was hat der Regisseur dazu gesagt?

Antwort: Curtis ist ein Schatz. Er hat mir zugehört und fand es in Ordnung.

Frage: Was ist von Ihnen?

Antwort: Ich werde an einem Punkt hysterisch und lache, wo es nichts zu lachen gibt. Verpackt in diesen emotionalen Aufschrei erschien die Story, die erklärt werden mußte, nicht so fehl am Platz. Auch die Szene, in der ich Wade (Kevin Bacon) Gemeinheiten ins Ohr zische, ist von mir.

Frage: Und selbst die umweltbewußte Meryl kommt zum Zug … Sie machen eine Bemerkung über die leere Cola-Dose im Wald.

Antwort: Ja, ja, das ist auch von mir. (lacht) Wenn ich mir einen Film mit mir angucke, dann nerve ich immer alle, die dabei sind mit »das ist von mir, guck, das ist auch meine Idee«.

Frage: Sie sind eine begnadete Schauspielerin, haben vier Kinder, sind seit 16 Jahren mit demselben Mann verheiratet – mit anderen Worten: Sie haben alles, Karriere, Familie und Erfolg. Haben Sie einen Pakt mit dem Teufel geschlossen?

Antwort: Mir ist das nicht in den Schoß gefallen. Wer versucht, das alles unter einen Hut zu bringen, wird merken, daß es mit wahnsinnig viel Arbeit verbunden ist. Ich will mich nicht beklagen, ich weiß, daß ich großes Glück habe ...

Frage: ... aber?

Antwort: Alles hat seinen Preis. Die Isolation, die die Berühmtheit mit sich bringt, ist zum Beispiel ein sehr hoher. Vor allem für meine Kinder ist das unfair. Aber ehrlich, all die Annehmlichkeiten, an die ich mich mittlerweile gewöhnt habe, möchte ich auch nicht mehr missen.

Frage: Würden Sie heute noch einmal alles dransetzen, berühmt zu werden?

Antwort: Aber ich hatte es niemals darauf angesetzt. Nie! Ich bin, ehrlich gesagt, ziemlich faul. Ich tu' wahnsinnig gern nichts. Mein Problem ist nur, daß ich mich in Situationen begebe – immer! –, die das letzte von mir verlangen. Ich fühle mich wirklich immer gestoßen und gezogen. Das ist nun mal mein Dilemma.

Frage: Was motiviert Sie, eine bestimmte Rolle anzunehmen?

Antwort: Also, das hat mit der Möglichkeit zu tun, eine Verbindung mit einem anderen menschlichen Wesen zu kreieren.

Frage: Sich selbst völlig aufgeben, in der anderen Person aufgehen?

Antwort: Ja. Ich erinnere mich an meine ersten Interviews. Da hab' ich jedesmal gesagt: »Das bin ich nicht.« So stark war das für mich.

Frage: Hat das nicht vielleicht auch mit mangelndem Selbstbewußtsein zu tun?

Antwort: Ja, auch. Ich hab' nie gedacht, daß ich schön bin. Meine Nase war zu lang und überhaupt. Ich meine, in den Filmen sind immer diese wunderschönen Frauen, also, ich hatte niemals falsche Illusionen, was mein Aussehen betrifft. Und das war für mich auch nicht das Wichtigste. Ich fing an als Charakter- und Theaterschauspielerin, als jemand, die viele unterschiedliche Rollen spielen kann. Ich fand jedesmal etwas in diesen Charakteren, was auch auf mich zutraf. Mir gefiel es, diese Vorstellungskraft auszuleben. Es war nicht ich, die sich da oben auf der Bühne darstellte, sondern eine Frau, in die ich mich gut hineinversetzen konnte. Ich habe enorme Schwierigkeiten, mich selbst darzustellen, im richtigen Leben, meine ich. Darum gebe ich so ungern Interviews. Da muß ich zu mir selbst stehen, besonders gut aussehen und so fort. Aber im Film muß ich nicht darüber nachdenken. Das ist eine Scheinwelt, da ist es mir egal, wie ich aussehe, denn es ist ja nicht Meryl, sondern sie, die andere. Was mich damals – und auch noch heute – stolz gemacht hat, war, daß ich mein Stipendium von der Drama-Schule in zwei Jahren abgezahlt hatte. Ich dachte, wer das schafft nur mit Schauspielern, der hat es geschafft.

Frage: Apropos Aussehen – stehen Sie mit sich selbst immer noch auf Kriegsfuß? Denken Sie daran, sich irgendwann mal das Gesicht liften zu lassen?

Antwort: Nein! Nie! Ich finde es wunderschön, Gesichter auf der Leinwand altern zu sehen. Ich liebe die Erfahrung, die sich in Falten ausdrückt, all das Leid, den Schmerz, aber auch die Freude, das Licht, das das Gesicht einer alten Frau wie das einer Dreijährigen strahlen läßt.

Frage: Aber nicht in Hollywood.

Antwort: Nein, wer mich unheimlich beeindruckt hat, war Simone Signoret in SHIP OF FOOLS. Da war sie ziemlich dick und schwer, aber ich dachte, ich habe nie eine Frau gesehen, die sexier, attraktiver und elementarer war. Also, ich habe keine Schwierigkeiten, älter zu werden. Aber leider limitiert das die Filmangebote. Jedenfalls hier in Amerika.

Frage: Die Feministin Germaine Greer hat mal gesagt, daß man nur glaubt, mit dem Älterwerden etwas zu verlieren. In Wirklichkeit ist es genau umgekehrt, man gewinnt. Nämlich die Freiheit, sich um das Aussehen und die Schönheit keine Gedanken mehr machen zu müssen.

Antwort: Oh, ja. Das stimmt. Ich hatte immer Schwierigkeiten, Kind oder Teenager zu sein, herumzualbern, mich unbeschwert meiner Pubertät hingeben zu können. Das habe ich einfach nicht hingekriegt. Aber ich konnte es darstellen. In einem meiner ersten Theaterstücke spielte ich ein Mädchen, das zu einem Rendezvous geht. Ich kicherte rum, wie man das so tut. Aber ich spielte das nur, ich selbst war nie so. Und ja, es ist eine große Befreiung, wenn man das nicht mehr tun muß oder wenn man sich nicht mehr dazu gezwungen fühlt, weil man älter geworden ist.

Frage: Sie haben drei Töchter, wie erziehen Sie die?

Antwort: Die Weiblichkeit ist immer noch nur schmückendes Beiwerk in unserer Gesellschaft. Man muß lernen, damit zurechtzukommen. Und darum unterstütze ich meine Mädchen darin – ich habe drei laute, sehr willensstarke Mädchen –, sich durchzusetzen, sich nichts gefallen zu lassen. Manchmal wünschte ich allerdings, ich hätte es nie getan. [lacht] Aber dann sage ich immer zu meinem Mann: »Guck, die Mädels werden mit 35 mal ganz tolle Frauen sein.« Selbstbewußtsein, das ist für mich das Wichtigste. Nichts tut mir mehr weh, als zu sehen, wie jemand ständig alles runterschluckt, nur um nicht aus dem Rahmen zu fallen. Immer hübsch angepaßt sein. Das tun Frauen ja traditionsgemäß.

Frage: Robert Redford sagte, daß Meryl Streep eine der sensibelsten und ausgeglichensten Personen sei, die er je getroffen hat.

Antwort: Oh Gott! Ich habe Schwierigkeiten, alles zu erledigen, was getan werden muß, meine Verabredungen einzuhalten, Telefonanrufe zu beantworten, eine Geschichte vorzulesen, die Rollschuhe zu reparieren. Ich denke überhaupt nicht daran, wie ich mich repräsentiere. Ich schaffe es knapp von einem bis zum nächsten Moment. Ich finde nicht mal die Zeit, für fünf Minuten aufzuatmen.

Frage: Um noch mal auf die Berühmtheit zurückzukommen, ist es nicht schön, wenn Leute sagen, daß Meryl Streep die beste Schauspielerin unserer Zeit ist?

Antwort: Du meine Güte, ja, das tut gut. Und ich müßte lügen, wenn ich sagen würde, daß es mich kaltläßt. Als ich anfing, gab es Schauspielerinnen, zu denen ich aufblickte. Großartige Frauen wie Geraldine Page oder Maggie Smith und Colleen Dewhurst, die haben mir sehr viel gegeben. Und so gesehen freut es mich natürlich, wenn ich das für andere sein kann.

Frage: Demnächst drehen Sie THE BRIDGES OF MADISON COUNTY – eine Hauptrolle, um die Jessica Lange, Anjelica Huston, Isabella Rossellini und Cher gekämpft haben. Das hat Sie anscheinend kaltgelassen, Sie haben sich öffentlich darüber beschwert, wie furchtbar das Buch von Robert James Waller ist. Warum haben Sie trotzdem zugesagt?

Antwort: Das wird mich wohl ewig verfolgen. Ich habe lediglich gesagt, daß mich das Buch nicht vom Hocker gerissen hat. Für viele war es eine religiöse Erfahrung – ich konnte das nicht nachvollziehen. Aber als Clint Eastwood, der nicht nur mitspielt, sondern auch Regie führt, mir das Drehbuch schickte, war ich begeistert. Im Drehbuch steht nur, was die Leute sagen, nicht, wie sie sich verhalten, was sie fühlen und denken. Es läßt mir also genügend Spielraum, mich zu entfalten.

Frage: Clint Eastwood soll sehr eigen sein, haben Sie Angst?

Antwort: Ich fühle mich geehrt, daß er mich ausgewählt hat. Ich habe gehört, daß er sehr schnell arbeitet, mit einfachsten Mitteln, ohne viel Drum und Dran. Aber vor allen Dingen: Ich muß nicht ins Wasser.

Frage: Fred ist immer noch nicht aufgetaucht. Glauben Sie an Phänomäne? Haben Sie wirklich einen Hausgeist?

Antwort: Oh ja. Und es geht ihr gut.

Frage: Ihr Geist ist weiblich? Woher wissen Sie das?

Antwort: Das spürt man. Sie ist sehr gütig.

Frage: Wie haben Sie herausgefunden, daß Sie das Haus mit einem Gespenst teilen?

Antwort: Bei uns sind ewig Sachen verschwunden, persönliche Gegenstände wie Unterwäsche, Schmuck und so, die dann an den unmöglichsten Stellen irgendwann wieder aufgetaucht sind. Das ist besonders peinlich, wenn wir Besuch haben. Aber bisher hatte noch jeder Verständnis. Und was kann man auch tun? Nichts. Manchen Dingen muß man eben seinen Lauf lassen.

Marie Louise Gummer

Meryl, die Schauspielerin

Meryl über Don

> »Wenn es einen Film über Meryl Streep gäbe,
> würden die Leute ziemlich schnell nach Hause gehen
> oder in ihren Sitzen einschlafen. Und darum spiele ich so,
> wie ich spiele, ohne meine Person mit einzubringen.
> Denn ich selbst bin stinklangweilig.«
> *Marie Louise Gummer*

Sie übertreibt nicht. Die Frau mit den vielen Gesichtern, von der Truman Capote sagte, »sie sieht aus wie eine Kreuzung zwischen einem Nasenbären und einer Henne«, ist ziemlich realistisch, wenn es um ihre eigene Person geht. Es gibt Schauspieler, die sich immer selbst spielen, ihre Persönlichkeit einbringen, egal, um welche Rolle es sich handelt, wie Barbara Stanwyck, Katharine Hepburn oder Bette Davis. Man erkennt sofort ihre Stimmen, ihre Art zu sprechen – selbst bestimmte Gesten tauchen immer wieder auf. Nicht so Meryl. Sie ähnelt eher einem Chamäleon, und man kann sie nicht fassen. Wenn sie spielt, dann ist sie die jüdische Kochbuchautorin aus SODBRENNEN, die dänische Baroneß aus JENSEITS VON AFRIKA, der polnische Flüchtling aus SOPHIE'S ENTSCHEIDUNG, die Mutter aus KRAMER GEGEN KRAMER, die englische Spionin aus EINE DEMANZIPIERTE FRAU, die Anwältin aus DIE VER-

FÜHRUNG DES JOE TYNAN oder die Arbeiterin aus SILK-
WOOD. Meryl Streep spielt da nicht mit. Nie.
Umgekehrt ist es genauso: Privat ist sie Mary Louise Gummer, eine ganz normale Hausfrau aus Connecticut mit vier
Kindern und einem Ehemann. Eine Frau, die sich um die
Umwelt, die Schularbeiten und Geburtstagsfeste ihrer Kinder sorgt, die sich den Luxus gönnt, sich zurückzuziehen,
und auf dem hauseigenen See paddeln geht, weil sie dort
von niemandem gestört werden kann. »Kurt Vonnegut
sagte einmal, daß alle Falten aus dem Hirn gebügelt werden, wenn man auf dem Wasser ist. Das hilft mir.« Und
wenn sie in ihrem anderen Haus in Kalifornien ist, trom-
melt sie oft eine ganze Kinderschar zusammen und geht
mit ihnen am Strand von Santa Monica Rollschuhlaufen.
Aber bei Meryl muß man immer auf eine Überraschung gefaßt sein. Sie ist sehr wechselhaft. Oft verbissen und ernst
und dann wieder albern. »Manchmal sitzt sie nur da und
lauscht den Gesprächen um sie herum, und dann wieder

ist sie so komisch und unterhält den ganzen Laden mit witzigen Spielchen«, sagt ein Freund. »Auf der einen Seite ist sie enorm schüchtern. Man hat das Gefühl, daß sie sich ewig über alles Gedanken macht, sich das Hirn zermartert, wie sie bei anderen Leuten ankommt. Auf der anderen Seite kann das aber nicht sein, so denkt man, denn sonst wäre sie nicht da, wo sie heute ist.« Regisseure, mit denen sie zusammengearbeitet hat, bestätigen das: »Meryl ist nicht hart im Nehmen. Doch man ist verloren, wenn man sich von ihrer Sanftmut täuschen läßt. Die Lady hat einen harten Kern.« Darüber kann sie selbst nur lächeln: »Typisch. Ich lasse mir einfach nicht alles sagen, ich nehme mir die Freiheit, nachzudenken und, wenn es sein muß, meinen Mund aufzumachen. Was ist daran verkehrt? Männer tun das alle naslang. Von denen wird das sogar erwartet.

Ich muß mich vor der Kamera öffnen, muß die geheimsten und verletzlichsten Seiten meines Inneren offenbaren, und das kann ich nur, wenn ich dem Regisseur absolut vertraue. Stimmt, ich stelle hohe Anforderungen an die Leute, mit denen ich zusammenarbeite, ich gebe ja auch mein Bestes, und darum will ich mit niemandem zu tun haben, der nur seinen Job macht.«

Sie gibt allerdings zu, launisch zu sein. Darin unterscheidet sie sich nicht von dem Bild, das man allgemein von einem Star hat. »Ich weiß, ich bin eine extrem widersprüchliche Person. Ich sage heute hü und morgen hott. Ich wechsel' meine Meinung hundert Mal von zwölf bis mittag. Das macht meine Familie manchmal verrückt, aber diese Sprunghaftigkeit ist mein Kapital, sozusagen der Nenner, auf den man all meine Rollen bringen kann. Das ist der Teil von mir, der immer sichtbar ist.«

Viele Schauspieler errichten eine Mauer um sich herum und erlauben der Öffentlichkeit ab und zu einen Blick auf ihre schillernde Persönlichkeit. Meryl nicht. Sie steht mitten im Leben und haßt es, bestaunt zu werden. »Ich kann mir nichts Schlimmeres vorstellen, als vom alltäglichen Leben ausgeschlossen zu werden. Ich muß wissen, was ein halbes Pfund Margarine kostet. Ich muß am Leben bleiben, das macht doch einen guten Schauspieler aus.« Unter am Leben bleiben versteht sie, sich unter die Menschen zu mischen, um unerkannt beobachten zu können. Sie atmet Bewegungen und Gesten der Menschen ein und speichert sie – bis auf Abruf, bis sie das eines Tages für eine Rolle verwerten kann. Wie ein Schriftsteller, der sich Notizen macht, um sie irgendwann einmal in seinen Roman einzubauen. »Wenn man berühmt ist, muß man unheimlich viel Energie aufbringen, um seinen bisherigen Lebensstil weiterzuführen. Aber es ist so verdammt wichtig, daß man sich nicht selbst verliert und die Möglichkeit, andere zu beobachten. Wenn das passieren sollte, kann ich mir gleich eine Grube graben und reinspringen. Was hätte ich davon, nur Glamour-Star zu sein? Ich will nicht angehimmelt werden. Ich bin keine Marilyn Monroe. Das ist eine entsetzliche Last, und wir wissen ja, wohin das bei ihr führte.«

Und sie stört, ständig aufpassen zu müssen, was sie tut und sagt. »Wenn ich meinem Sohn viermal gesagt habe, er soll den Sicherheitsgurt anlegen, und er tut es immer noch nicht, dann brülle ich ihn beim fünften Mal an. Und dann steht garantiert jemand neben mir an der Ampel, der ganz schnell bei der Zeitung anruft und sagt, ›die Streep springt vielleicht mit ihren Kindern um ... Das ist eine Rabenzicke, wie sie im Buch steht‹. Deswegen will ich auch nicht mit meinen Kindern nach Disneyland. Da kann ich mich gleich nackt auf dem Times Square im Kreis drehen. Ich kann mich einfach nicht normal benehmen, wenn ich spüre, daß tausend Augen und Ohren ausgefahren werden, um mich dabei zu ertappen, daß ich vielleicht ein paar Pommes zuviel esse oder wie mir das Softeis auf das T-Shirt tropft.« Natürlich ist sie doch mit der ganzen Familie ins Micky-Maus-Paradies gegangen, und es hat sogar Spaß gemacht. »Was soll's? Ich habe es hinter mich gebracht. Es gibt Schlimmeres – in Sarajewo leben, zum Beispiel.«

Meryl Streep hat nie danach gestrebt, ihren Namen in den Zeitungen zu lesen. »Da steh' ich heute drin, und morgen liegt die Seite auf der Straße, und jeder trampelt auf meinem Gesicht rum. Es ist alles so kurzlebig, wie ein Rausch, bei dem nur der Kopfschmerz bleibt, wenn man nicht aufpaßt. Und man kann nicht immer auf Wolken schweben – wer sich in diesem Beruf keine solide Grundlage schafft, fällt tief. Heute lieben dich alle, morgen guckt man dich nicht mal mehr mit dem Hintern an. So ist es doch. Besonders hier in Amerika. Wenn ich auf der Titelseite von ›Time‹ bin, dann bin ich ein Gewinner. Aber ich habe nicht in Wimbledon gewonnen, ich habe in einem Film mitgespielt. Das ist so absurd.«

Für sie verdeutlich dies, daß die Verhältnisse nicht mehr stimmen, sich die Schauspielerei zu einem Sportfest entwickelt hat. Es gibt so viel Konkurrenz und so viele Preisverleihungen – der Beste, der Zweitbeste, der Drittbeste … Das ist der Gewinner, das ist der Verlierer. Wie gern würde sie aussteigen aus dem Rennen, einfach nur Schauspielern, ohne den Wettbewerb. Wenn sie Mitglied eines Preisverleihungskomitees wäre, würde sie beim nächsten Mal sagen »Okay, das reicht, sie hat schon genug«.

Aber Ruhm hat etwas Faszinierendes für Leute, die nicht berühmt sind. Das weiß sie. Sie kennt es aus ihrem eigenen Bekanntenkreis. Der Sohn einer Freundin beispielsweise will Rockstar werden. »Dabei ist es ihm völlig egal, ob er gut spielen oder komponieren kann. Er will einfach nur ein berühmter Rockstar sein. Einer, den die Leute kennen, bei dem die Frauen sich die Haare ausraufen, wenn

sie ihn sehen, oder ihm ihre Unterhöschen zuwerfen. Von dieser Sorte gibt es viele. Wenn ich das höre, denke ich immer, okay, sei du mal für zwei Wochen mit jemandem zusammen, der berühmt ist, das wird deine Meinung ganz schnell ändern.« Ein paar Dinge gefallen ihr dabei allerdings. »New York zum Beispiel wirkt wie eine Kleinstadt, weil jeder mich erkennt und anlächelt. Das ist schön. Und meine Kinder denken, daß diese Stadt der freundlichste Ort der Welt ist. Aber ich hasse, was mit den Leuten passiert, die nicht berühmt sind und mit mir zusammen sind. Darum umgebe ich mich lieber mit bekannten Gesichtern, das nimmt mir außerdem auch einen Großteil der Last.« Ihrer Meinung nach verliert ein Star alle Bürgerrechte, wird Freiwild für Presse und Fans, die einen nicht mehr in Ruhe leben lassen. »Man muß eben einen Preis dafür zahlen. Und solange es nur mich betrifft – okay, ich kann es verkraften. Aber meine Familie, bitteschön, muß außen vor bleiben.« Trotzdem thront der Ruhm auf ihren Schultern wie ein böser Geist. Aber ihre Antwort auf die Frage ›Wie schützt man sich vor zu viel Zudringlichkeit‹ hat sie gefunden, und daran hält sie sich strikt: »Mein Privatleben bleibt privat.« Das kommt natürlich nicht von allein, dafür muß man etwas tun, besser gesagt, verzichten können. So geht sie zum Beispiel nicht mehr zu Premieren oder zu irgendwelchen Vernissagen. »Ich sehe mir an, was ich sehen will, wenn niemand damit rechnet. Außerdem bin ich sowieso am liebsten zu Hause bei Don und den Kindern. Ich bin ein richtiger Couch-Hocker und mein Mann, Gott sei dank, auch. Wir genügen uns völlig.«
Ein Seufzer, der immer wieder über ihre Lippen kommt, könnte eines Tages als Inschrift auf ihrem Grabstein stehen: »Ich wollte nicht berühmt werden. Ich wollte nur meine Arbeit tun, weil ich liebe, was ich mache. Das ist alles.«

Diese Art von Star ist bei der Presse alles andere als beliebt. Wer will schon wissen, wenn Meryl Streep wieder mal blaß und ungeschminkt in einem viel zu großen Overall in Connecticut zum Kaufmann geht, weil ihr noch drei Eier fehlen? Als sie noch in Soho wohnte, da konnte man lesen, welche Slipgröße sie bevorzugt und ob sie Tampons oder Binden benutzt. Solche exklusiven ›Intim-News‹ ließen sich verkaufen. Aber heute haben selbst hartnäckigste Reporter aufgegeben. Ihr Leben verläuft zu normal, ohne Haken und Ösen. Sie hat nicht einmal eine Vergangenheit, die sie vertuschen müßte. Alles ist so sauber und rein – eben stinklangweilig.

Wenn sie keinen Film dreht, ist sie ausschließlich Mutter und Hausfrau. Steht morgens um sechs Uhr auf, obwohl sie gern bis zehn im Bett bleiben würde, und macht Frühstück. Milch, Cornflakes, Orangensaft und für Don ein paar Spiegeleier mit Toast einmal in der Woche. Sonntags gibt es Vanillewaffeln. Sie selbst trinkt nur eine Tasse Kräutertee. Dann bringt sie die Kinder zur Schule. Obwohl sie Hilfen im Haushalt hat, wäscht und bügelt sie, kauft ein und kocht drei Mahlzeiten am Tag. Manchmal wird ihr das allerdings zuviel: »Hausfrau, Mutter und Schauspielerin zu sein, ist ein verdammt harter Job. Aber wenn ich nervös werde, fällt mir ein ›du hast ja noch das Kindermädchen und die Köchin und den Halbtagsgärtner‹.« Und dann zieht sie sich auf den See zurück und glättet die Wogen in ihrem Kopf. Sie hat es gut und weiß das auch zu schätzen. »Ich kann gar nicht oft genug sagen, wie glücklich ich darüber bin, daß ich Kinder habe. Es ist zwar sehr anstrengend – verglichen mit der Filmerei, denn man muß ständig aus sich selbst schöpfen, jedem Kind seine ganze Aufmerksamkeit widmen. Beim Drehen ist das völlig anders. Dort springt ein Funke auf einen über, und dann läuft es. Und wenn die Scheinwerfer ausgehen, kann man die Beine hochlegen.«

Die Kinder sind ihr das wichtigste auf der Welt. Seitdem sie Mutter ist, verspürt sie Glücksgefühle, aber auch die Angst, daß es von einer Sekunde auf die andere alles verschwinden könnte. Sie könnte sich keinen Tag zu Hause vorstellen, ohne ihre ›Bälger‹ abends gebadet und mit einem Gutenachtkuß ins Bett geschickt zu haben. »Das ist unsere schönste Zeit. Da sagen sie ihre Gebete und erzählen, wovor sie sich fürchten. Und ich singe sie in den Schlaf. Gippy ist dafür allerdings jetzt zu groß. Der ist sogar froh, wenn ich wieder weg bin, damit er seine Ruhe hat.«

Bei so einer Einstellung ist es natürlich schwer, eine Art von Starkult aufzubauen. Meryl Streep fällt nie aus dem Rahmen. Nie fand man sie zum Beispiel bewußtlos hinter dem Steuer ihres Jaguars, weil sie in der Nacht zuvor zuviel getrunken oder gekokst hatte – Meryl fährt einen Audi-Kombi und geht früh zu Bett, um morgens wieder für ihre Kinder dazusein. Man konnte ihr auch nicht auflauern und sie am frühen Nachmittag in flagranti, mit Kopftuch und schwarzer Sonnenbrille aus einem kleinen Motel kommend, ablichten, in dem sie sich mit ihrem Geliebten zum Tête-à-tête getroffen hatte – dafür ist Meryl seit 16 Jahren viel zu glücklich verheiratet. Liz Taylor hat sich wenigstens immer mal wieder scheiden lassen oder hielt sich durch Freßorgien und Radikaldiäten in den Schlagzeilen, Madonna bevorzugte öffentlichen Sex, Zsa Zsa Gabor ohrfeigte Polizisten, und Jack Nicholson zertrümmerte die Autos fremder Leute mit einem Golfschläger, weil sie ihm angeblich die Vorfahrt genommen hatten. Bei Meryl passieren solche Dinge nicht.

Wenn sie Schlagzeilen macht, dann, weil sie einen neuen Film gedreht hat oder sich für die Umwelt einsetzt. Aber solche Ereignisse erscheinen nicht auf der ersten Seite, sie verlieren sich irgendwo, gehen unter in den täglichen Meldungen von Mord und Totschlag. So wie im Juni 1982, als sie mit Hunderten von Atomwaffengegnern durch den Central Park in Manhattan marschierte. Etwas anders sah es schon aus, als sie die Benefizveranstaltung dafür im Beacon Theater organisierte, um Geld für diesen Zweck zu sammeln. Da konnte man lesen: »Meryl Streep geht auf die Barrikaden!« Und in einer kurzen Notiz wurde sie mit den Worten zitiert: »Wir müssen tun, was in unserer Macht steht, um den Irrsinn mit den Atomwaffen zu stoppen, wir müssen an unsere Abgeordneten im Weißen Haus schreiben, wir dürfen uns nicht hinter unserer Angst verstecken.« Wer sie damals dazu befragte, dem antwortete eine übernervöse Meryl: »Ich habe furchtbare Angst, daß irgendwer irgendwann aus Versehen auf den Knopf drückt. Und wenn ich mir überlege, wie oft das Computersystem in meiner Bank zusammenbricht, dann wird mir ganz übel, wenn ich das auf den großen Computer übertrage. Nach der Wahrscheinlichkeitsrechnung muß das doch mal schiefgehen.« Unterstützt wurde dieser Appell von weiteren Prominenten: Jill Clayburgh, Richard Dreyfuß, James Earl Jones, Arthur Miller, Robert DeNiro, Judd Hirsch, Julie Belafonte und anderen. Sie alle kamen zu der Benefizveranstaltung, weil sie sich, wie Meryl, für die Welt verantwortlich fühlen und sich wünschen, daß es eine bessere wird und ihre Kinder und Kindeskinder unter fairen Lebensbedingungen existieren können.

Meryl macht also nur von sich reden, wenn sie etwas zu sagen hat. Aber auch dann recht sparsam, da sie sich nicht gern vor den Karren anderer spannen läßt. Sobald sie etwas in Schwung gebracht hat, zieht sie sich zurück. »Nie wird aus mir eine Suffragetten-Streep oder eine Pestizid-Meryl werden. Das können andere viel besser. Ich finde es sowieso traurig, daß sich in diesem Land Prominente zum Gewissen der Natur aufschwingen müssen.«

Ihre Abneigung gegenüber öffentlichen Auftritten und Interviews liegt aber nicht nur in der Angst begründet, zu viel von sich preiszugeben. Vielmehr fühlt sie sich dieser Form von Öffentlichkeit nicht gewachsen. Es ist ihr unangenehm, mit fremden Leuten zu reden, weil es dafür kein Drehbuch gibt und Wiederholungen unmöglich sind. Weil sie aber auch nur ein Mensch ist, liest sie für ihr Leben gern Interviews von anderen Leuten. Und weil sie keine Heilige ist, hofft sie manchmal insgeheim, daß sie sich lächerlich machen. »Aber ich möchte gleichzeitig auch etwas Neues lesen, damit ich wieder etwas dazulernen kann.« Wer sich mit ihr zum Interview trifft, muß auf alles gefaßt sein. Einem Journalisten, der sie auf ihre übertriebene Körpersprache ansprach, entgegnete sie mit zusammengekniffenen Augen: »Übertrieben, hm? Und Sie tragen eine fürchterliche Jacke – aber stört mich das? Das ist mir so egal, also, warum beschränken Sie sich nicht auch auf das Wesentliche?« Meryl hat auch Interviews abrupt abgebrochen, wenn die Fragen zu intim oder unsensibel wurden. Wie soll man so ein genaues Bild von ihr bekommen? Deshalb kennt man von ihr mehr oder weniger nur das, was man auf der Leinwand sieht. Und: Daß sie ihren Mund nicht hält, wenn sich Ungerechtigkeit breitmacht. Daß sie wettert, Frauen würden von den männlichen Studiobossen total untergebuttert werden, weil sie erstens unterbezahlt seien und zweitens nur in zwei Rollen vorkämen: im Bett oder als Leiche. Oder daß ihre Kinder in Gefahr seien, weil Obst und Gemüse mit Giftstoffen verseucht werden. Aber das ist auch schon alles, was man von ihr weiß.

Solche schwierigen, unergründlichen Menschen wie sie flößen anderen meist ungeheuren Respekt ein. Ihnen nähert man sich nicht mit Komplimenten oder Schulterklopfen. Ihnen begegnet man eher still, mit einer gewissen Ehrfurcht. Auf der Pressekonferenz zu GRÜSSE AUS HOL-

LYWOOD, die in Las Vegas stattfand, fiel jeder jedem um den Hals. Richard Dreyfuß scherzte mit Shirley MacLaine, knabberte an ihrem Ohrläppchen, nahm Carrie Fisher in die Arme und gab Meryl die Hand. Er fühlte, daß er mit Küßchen und Knuddeln bei ihr an der falschen Adresse war. Ihre höfliche Distanziertheit ist wie eine unsichtbare Mauer. Oder, noch schlimmer, man fürchtet, daß sie sich bei einer falschen Bewegung oder bei einem verkehrten Wort in ein menschenverschlingendes Ungeheuer verwandeln könnte. Einmal bat sie einen Assistenten, ihr ein Stück Kuchen mit roten Himbeeren zu bringen. Der arme Mann wurde so nervös und fragte alle außer Meryl, ob es einen Unterschied zwischen Himbeeren und roten Himbeeren gäbe. Er war so verängstigt, als ginge es um seinen Kopf.

Macht sie es den Leuten schwer, ohne es zu ahnen? Aus ihrer eigenen Unsicherheit heraus? Ihre Antwort: »Man kann es nicht aller Welt recht machen. Ich versuche, so ehrlich wie möglich zu leben, aber es ist mir unangenehm, zwischen Menschen zu sein, die mich kennen, aber die ich nicht kenne. Die erwarten viel mehr von einem, als man von ihnen erwartet. Ich habe da immer das Gefühl, daß ich für jedes Bitte und Danke von ihnen dreimal so viel Bitte und Danke sagen muß. Entsetzlich.«

Das könnte ihre Unnahbarkeit erklären, die von niemandem durchbrochen werden kann, wenn sie es nicht zuläßt – was so gut wie nie der Fall ist. Es ist zum Beispiel üblich, daß sich am Ende der Dreharbeiten das ganze Team zusammen mit den Stars ablichten läßt. Doch kaum einer traut sich, Meryl zum Gruppenfoto zu bitten. Jeder weiß, wie eigen sie mit Fotos von sich selbst ist – ob privat oder öffentlich. Jedes Bild von ihr segnet sie, bevor es gedruckt wird, ab. Und was ihr nicht gefällt, zerschnipselt sie. Ein Fotograf, der davon gehört hatte, bat sie, ihm nur die Aufnahmen, die ihr gefielen, zurückzuschicken, und von den anderen die leeren Rahmen. Er könne es nicht ertragen, seine Arbeit so zerstückelt zu sehen.

Es ist verwunderlich, warum sie um Fotos dieses Brimborium macht, denn oft beschwert sie sich lautstark, wenn zu einem Interview mit Fototermin eine Stylistin mit »25 Kleidern, diversen Haarfarben und schwerem Make-up antanzt, die einem das Gefühl gibt, daß man so, wie man ist, nicht gut genug ist«. Aber dann seufzt sie wieder und sagt: »Ich wünschte, ich würde so aussehen wie auf den Fotos, die von mir gemacht werden.« Ist sie nun eitel oder nicht? In ihren beuteligen Baumwolloveralls, in denen sie immer aussieht, als ob sie von einer Kamelkarawane zurückgelassen worden sei, wie eine Zeitung schrieb, ganz bestimmt nicht.

Aber Meryl ist nicht mit normalen Maßstäben zu messen, sie setzt ihre eigenen. Und das betrifft auch ihre Haßliebe zu Hollywood. Dieser Glitzerstadt ohne Seele kann sie überhaupt nichts abgewinnen, obwohl sie dort auch ein Haus hat. Mit diesem Hauskauf beabsichtigte sie, sich nicht länger mit ihrer Elite-Ausbildung und Ostküsten-Residenz zu distanzieren. Das sei wie ständig die Nase zu hoch zu tragen, stellte sie fest. Außerdem hatte sie es satt, von jedermann nur als ernsthafter und gefühlstriefender Mensch angesehen zu werden. Sie wollte mehr Leichtigkeit in ihre Arbeit bringen. Also kaufte sie 1990 für drei Millionen Dollar ein Haus mit Pool. Und Don bekam ein Studio in Venice. Seitdem besuchen die Kinder dort eine Privatschule – mit anderen Worten: Familie Gummer hat sich verändert. Aber die Ferien verbringen sie weiterhin in Connecticut, wo ihr richtiges Zuhause ist. Wenn Meryl diese Zufluchtsstätte nicht hätte, würde sie durchdrehen. »Alles, was in L.A. zählt, ist dein letzter Erfolg, dein Aussehen und welchen Wagen du fährst. Ich muß immer mal wieder weg und Normalität tanken. Man vergißt in Kalifornien zu schnell, wie es in der Welt zugeht. Ich habe südlich von Nairobi im Busch gelebt [bei den Dreharbeiten zu JENSEITS VON AFRIKA], im australischen Outback [für EIN SCHREI IN DER DUNKELHEIT] und an vielen anderen Orten. Aber nirgendwo war der Unterschied zu meiner Heimat stärker als hier.«

Heimat, das ist ihr Haus in Connecticut mit dem See, den Riesenschildkröten, Hirschen, sieben Katzen und zwei Bobtailhunden. Und den verschneiten Tannen im Winter. »Es ist so beruhigend und friedlich hier. Ich liebe das einfach. Eines Tages sah ich mal einen Koffer im See treiben. Ich bin aber nicht reingegangen, weil da so viele Algen sind. Man muß immer zusehen, daß man mit den Beinen nicht zu tief kommt, und das erschwert das Schwimmen natürlich erheblich. Aber ich war doch neugierig und ging näher. Plötzlich bewegte sich der Koffer und schwamm weg. Es war keiner. Es war eine Riesenschildkröte. Der See ist voll davon. Das war so schön.«

Neben Tieren, Kindern und Ehemann leben noch ein Kindermädchen, eine Sekretärin und eine Haushälterin dort. Sie managen den Alltag, wenn Meryl irgendwo dreht – natürlich auch in Los Angeles. Bis auf die Riesenschildkröten und die Hirsche zieht alles mit, wenn die Gummers dort sind. Aber wo auch immer sie gerade residieren, eines bleibt überall gleich – hier wie dort geht es sehr gemütlich, normal und natürlich umweltbewußt zu. Der Abfall wird recycelt und kompostiert. »Ich venmeide es, Plastik zu kaufen, auch kein Plastikspielzeug für die Kinder. Außer Lego.«

Das Haus an der Ostküste ist ein unauffälliges Gebäude aus den 60ern, mit vielen kleinen Zimmern und sehr hohen Wänden. »Im Winter wird es so kalt, daß ich am liebsten oben auf einer Leiter schlafen möchte, denn am

Boden ist es eisig.« Aber das gefällt ihr immer noch besser als Los Angeles, wo es keine Jahreszeiten gibt, nur Wetter. Und obendrein Erdbeben.

Meryl, die Schauspielerin

Robert Redford ist einer der letzten großen Leinwand-Stars. Der hat das gewisse Etwas. Eben sehr viel Stil, auch privat. Er liebt ein gutes Glas Wein, ist ein absoluter Genießer.

✳

Wenn ich mit Jack Nicholson zusammen bin, habe ich das Gefühl, von 80 Menschen umgeben zu sein. Er ist so intensiv. Und er ist ein ernster Schauspieler. Ich denke, er ist ein Genie. Der Mann ist gierig auf Arbeit und nie zufrieden. Er steht immer unter Strom, ein reines Energiebündel, wild, ungeheuer erlebnishungrig. Jack hat Feuer im Bauch.

✳

Robert DeNiro ist sehr freundlich und großzügig und wahnsinnig vorsichtig. Er sieht dir geradewegs in die Augen, und du weißt, was er empfindet. Für ihn ist jedes Detail wichtig und ist es noch so winzig. Bob ist ein Minimalist. Ein Darsteller, der an alles denkt. Sein Konzentrationsvermögen ist nicht von dieser Welt.

Ich möchte nie aufhören zu schauspielern. Nie! Nie! Niemals! Als ich noch zur Schule ging habe ich immer an meiner langen Nase runtergeguckt und gedacht, daß das kein ernsthafter Beruf ist. Damit kann man nicht sein Leben verbringen. Das macht man mal aus Spaß, aber für den Ernst des Lebens muß ein richtiger Beruf her. Ich spielte noch auf dem College nur aus einer Laune heraus. Aber als ich in Yale vorsprach, kamen meine Freunde und staunten: »Meryl, du bist Spitze!« Und ich konnte das kaum glauben. »Wirklich? Denkst du das wirklich?« habe ich immer wieder gefragt. Also nahm ich das Ganze ernster. Und mit der Zeit konnte ich nicht mehr aufhören. Heute sehe ich das natürlich anders – die Schauspielerei ernährt durchaus ihre Frau.

Die Schauspielerei ist die einzige Möglichkeit, im Herzen von jemand anderem zu leben, in jemand anderen hineinzuschlüpfen und seine Seele ganz nah bei sich zu spüren. Oder sich das jedenfalls vorzustellen. Etwa so, wie wenn man einen Film sieht und richtig ergriffen ist, voll und ganz mitgeht. Nur daß die Schauspielerei mir hilft, dem noch näher zu kommen. Fast alle Rollen, die ich je gespielt habe, versetzten mich in einen Zustand, den ich nur mit ›high‹ bezeichnen kann. Das ist so, als ob man auf einem Trip wäre. In diesem Stadium des Hochgefühls empfinde ich keine Erschöpfung und keinen Frust. Bis auf einmal, in IN DER STILLE DER NACHT. Dieser Charakter war eine Niete. Alles was ich tun mußte, war gut auszusehen. Und das war für mich unmöglich, weil der Charakter selbst keine innere Schönheit aufzuweisen hatte. Da ging es um die Frisur und die richtige Beleuchtung. Das ist in meinen Augen keine Schauspielerei.

Schauspielern ist die höchste Form des Voyeurismus. Was wir tun, ist mehr als nur zu beobachten, wir spielen das Leben anderer. Es ist wie ein Experiment, und deshalb liebe ich es, fremde Charaktere darzustellen. Ich dehne mich dabei bis ins Unendliche. Die Kael [Kritikerin vom New York Magazine] versteht das nicht, sie haßt alles, was ich tue. Und heute lese ich sie nicht mehr. Aber ich habe immer noch im Kopf, was sie einmal geschrieben hat: »Meryls Art zu spielen ist herzlos. Sie wird nicht die Jahrzehnte überdauern.« Ja und, kann ich da nur antworten, soll ich denn Zeit darauf verschwenden, nachzugrübeln, wie meine Arbeit wohl in der Zukunft ankommen wird? Für mich ist nur eines wichtig, nämlich, wie ich jetzt, hier und heute, damit ankomme. Nach mir die Sintflut!

Arbeit ist für mich eine Art Befreiung, Erlösung. Manche suchen ihr Gleichgewicht im Gespräch mit ihrem Psychoanalytiker, meine Phantasien, Ängste, Gefühle lösen sich vor der Kamera. Wenn ich meine Arbeit nicht hätte, meinen Sturm und Drang nicht darin austoben könnte, würde ich wahrscheinlich meine Kinder verprügeln oder Rauschgift nehmen oder beides.

Meine Technik, über die soviel gemutmaßt wird, ist ganz einfach: Sie besteht in einem hochgradigen Vorstellungsvermögen. Das ist mit Buddeln und Graben in Gefühlen zu vergleichen. Man muß sehr an der anderen Person interessiert und sehr neugierig auf ihre Gefühle sein, ihr Herz. Wenn ich anfange, fühle ich mich jedesmal wie ein weißes Blatt Papier. Ich weiß nie, woher die Inspiration kommt. Ich weiß nur, daß ich einer inneren Stimme folge wie einer Berufung. Und ich frage nie warum, ich weiß nur, daß mein Herz an bestimmten Stellen des Drehbuches, wo der Charakter eventuell weint oder lacht, eben irgendeine tiefe Gefühlsregung zeigt, anfängt zu rasen. Dann richten sich meine Haare an den Armen auf, und ich bin ›besessen‹. Danach muß ich nicht mehr daran arbeiten, bis wir mit dem Drehen anfangen. Man muß aber nicht nur neugierig sein auf die Person, die man darstellen soll, sondern auch auf die Mitspieler und wie das Publikum das sehen könnte. Wenn ich diese Verbindung gefunden habe, dann finde ich auch ins Herz meines Publikums, denke

169

ich. Diese unsichtbare Verknüpfung zwischen uns allen, an das, was wir alle gemein haben, und nicht an das, was uns trennt, an die glaube ich ganz fest.

Als ich GRÜSSE AUS HOLLYWOOD drehte, hörte Gene Hackman, der den Regisseur spielte, plötzlich auf zu spielen. Ich merkte das erst nicht. Aber dann sah ich ihn, wie er dastand und mich beobachtete. Hinterher sagte er, daß er so fasziniert gewesen war und einfach vergessen hatte, wo er war. Ich nahm das als Kompliment. Das heißt aber noch lange nicht, daß ich total begeistert bin von mir und mir ständig meine eigenen Filme reinziehe. Freiwillig sowieso nie. Es ist unheimlich quälend. Was, wenn das Publikum an der falschen Stelle lacht? Oder noch schlimmer: wenn es überhaupt nicht lacht? Oder wenn jemand einschläft und anfängt zu schnarchen? Diese Vorstellungen sind ein Alptraum für mich. Aber wenn ich einen Film von mir sehe, dann merke ich, daß ich etwas ganz anderes sehe als die anderen Zuschauer. Zum Beispiel den Ort, an dem ich lebte, als ich diesen Film drehte, wo ich aß, an die Auseinandersetzungen, die es über bestimmte Szenen gab und so weiter. Ich kann mich nicht davon lösen. Es ist komisch. Das ist wie mein ganz persönlicher Film, mein Tagebuch. Und wenn sich die ganze Welt meinen Film ansehen würde, sie könnten nie den sehen, den ich im Herzen habe, der sich in meinem Kopf abspielt.

Was ich an mir selbst bewundere, wenn ich das in aller Bescheidenheit sagen darf, ist, daß ich gelernt habe, mit meinem Handwerkszeug gut umzugehen. All die Kleinigkeiten, die ich kann, nebeneinander aufgereiht, geben mir ein großes Gefühl der Sicherheit. Wenn ich einen Schritt in die falsche Richtung mache, dann ist es nur eine Sache, die schiefläuft. Ich bin nichts im einzelnen, aber all meine Talente oder positiven Seiten zusammengenommen, ergeben eine hübsche Kette.

Ich habe zum Beispiel keine Schwierigkeiten, etwas auswendig zu lernen. Einmal war ich zur gleichen Zeit wie meine Mutter in London. Sie gab mir ihre Telefonnummer, und ich schrieb sie auf ein Stück Papier von dem Hotel, in dem ich wohnte. Den Zettel ließ ich natürlich dort liegen, und als ich wieder zu Hause war und sie anrufen wollte, hatte ich die Nummer nicht. Aber mir fiel das Stück Papier im Hotelzimmer ein, und plötzlich hatte ich die Nummer vor Augen. Das ist meine Eselsbrücke. So habe ich zum Beispiel all meine Prüfungen bestanden. Ich schäme mich immer ein bißchen dafür, daß mir das so leichtfällt. Ich lese ein Drehbuch zwei-, dreimal und weiß meinen Text. Andere lernen Nächte durch und können ihn trotzdem manchmal später nicht. Was mich reizen würde, wäre, Regie zu führen, aber nur für das Theater. Bloß nicht für den Film. Das würde bedeuten, daß ich nach Feierabend noch tonnenweise Drehbücher lesen müßte. Nein, danke. Auf Location gehen? Ich arbeite sowieso schon zwölf Stunden täglich, wenn ich filme. Das brauche ich nun wirklich nicht. Aber beim Theater stelle ich mir das gut vor. Ich würde gern neue Stücke auf die Bühne bringen. Mal sehen.

Die Filme, die ich am liebsten mag? JENSEITS VON AFRIKA, EIN SCHREI IN DER DUNKELHEIT, GRÜSSE AUS HOLLYWOOD und SOPHIE'S ENTSCHEIDUNG. Tiefschläge, die mich enttäuscht haben? Ich hätte so gern die Evita Peron gespielt, dafür hatte ich sogar schon Gesangsunterricht genommen. Aber der Drehbeginn wird immer wieder verschoben, und bald bin ich dafür zu alt. Ich war auch etwas traurig, daß ich nicht die Nora Desmond in dem Theaterstück SUNSET BOULEVARD spielen konnte. Aber ich gönne Glenn Close den Erfolg. Irgendwie habe ich das Gefühl, daß ich nicht mehr so verrückt hinter den Rollen her bin. Denn sonst würde ich bekommen, was ich will. Aber das kann sich auch wieder ändern.

Meryl über Don

Mein Mann ist sehr stark. Wenn ich durchdrehe,
muß ich ihn nur ansehen. Dann fange ich an, über mich
selbst zu lachen, und alles ist wieder okay. Ich bewundere ihn. Jemand, der in sein Studio geht, um dort allein
aus sich heraus abstrakte Skulpturen zu erschaffen, muß
sehr in sich ruhend sein. Er motiviert sich selbst.

✳

Es stört ihn nicht unbedingt, daß ich die große Kohle
ranschleppe. Aber wenn er in Europa ausstellt, ist er froh,
daß wir nicht denselben Namen haben.

✳

Das Geheimnis unserer Ehe ist, daß wir uns gegenseitig
zuhören, uns gegenseitig helfen. Wenn man Kinder hat,
muß man sich Mühe geben. Ehe ist so etwas wie ein
Muskel, der bearbeitet werden muß, damit er straff bleibt.
Man muß allerdings sehr hart arbeiten. Immer und
immer wieder.

✳

Mein Privatleben ist meine Palette, und die bleibt im
Studio. Die bekommt niemand zu sehen. Alles, was raus-
kommt aus meinen vier Wänden, ist das fertige
Gemälde. Und das muß genügen.

Äpfel und anderes Gift

»Jeder Kartoffelchip ist gesünder als ein frischer Apfel«, wetterte eine aufgebrachte Meryl Streep auf einer Pressekonferenz in Washington. Sie hatte sich in ihrer Eigenschaft als Mutter und mündige Bürgerin auf die Barrikaden geschwungen, weil die neuesten Untersuchungen des ›Natural Resources Defense Council‹, eine der geachtetsten Umweltschutzgruppen in den USA, zu haarsträubenden Ergebnissen geführt hatten. »Es gibt 23 Giftarten in 26 Obst- und Gemüsesorten«, fuhr sie fort, »und acht dieser Pestizide sind nachgewiesenermaßen krebserregend!! Und es ist noch nicht mal notwendig, die Farmer behandeln zum Beispiel ihre Äpfel mit giftigen Chemikalien, nur damit sie schön glänzen.«

Die Organisation hatte sich im Frühjahr 1989 an Meryl gewandt, weil man eine Stimme brauchte, die in der Öffentlichkeit Gehör fände. Und für dieses eine Mal war sie froh, ein Star zu sein: »Einer Hausfrau aus Connecticut würde doch kein Schwein zuhören. Und ich werde es nicht zulassen, daß unsere Kinder systematisch vergiftet werden. In den Berichten des NRDC steht zu lesen, daß Kinder im Vorschulalter mit ihrem Gemüse und Obst regelmäßig Gift zu sich nehmen, das sind in Amerika 22 Millionen heranwachsende Menschlein. Und meine drei sind dabei. Kleinkinder sind besonders schwer davon betroffen, weil sie ja fast nur von Obst und Gemüse leben. Sie essen sieben mal mehr Äpfel als ein Erwachsener, 31 mal mehr Apfelmus und trinken 18 mal mehr Apfelsaft. Als jedes meiner Kinder zwei Monate alt war, war Apfelmus ihr wichtigstes Grundnahrungsmittel. Heute essen sie immer noch Äpfel. Und nun muß ich ihnen das verbieten. Daminozide kann man nämlich nicht abwaschen oder abschälen.

Ich kriege eine Gänsehaut, wenn ich daran denke, daß ein Vorschulkind 400 mal mehr den Umweltgiften ausgesetzt ist als ein Erwachsener. Diese Gifte beeinträchtigen die Hirntätigkeit und das Nervensystem, und alle Welt tut so, als ob das in Ordnung wäre. Wo leben wir denn eigentlich? Ist uns unsere Gesundheit und die unserer Kinder so egal? Dann können wir ihnen ja gleich Zigaretten oder Schnaps geben. Es ist mir unbegreiflich, wie desinteressiert gerade unsere Politiker sind. Und deshalb müssen wir selbst aktiv werden. Wir müssen uns ganz einfach weigern, als unfreiwillige Versuchskaninchen mißbraucht zu werden.«

Meryl machte aber nicht nur den Mund auf, sie wurde auch aktiv. Zusammen mit Wendy Rockefeller gründete sie die Bewegung ›Mothers and Others for Pesticide Limits‹ [Mütter und andere für Giftstop] und legte sich mit der gesamten amerikanischen Landwirtschaft an. Die Farmer waren außer sich vor Wut. »Unsere Äpfel sind weiter nichts als Schweinefutter!« schimpften sie auf einer Veranstaltung und warfen sie ins Publikum. »Wir Obstbauern können unsere Früchte in diesem Jahr entweder vergraben oder den Schweinen zum Fraß vorwerfen. Niemand kauft sie mehr, seit sich diese Hollywoodtante zum Kreuzritter gegen die Landwirtschaft aufgeschwungen hat. Die soll lieber Filme drehen und sich nicht in unsere Angelegenheiten mischen.«

Diese Angriffe hatten zur Folge, daß Meryl, die sich sowieso in der Öffentlichkeit unwohl fühlt, sich zurückzog. »Das entspricht nicht meinem Temperament. Ich habe gesagt, was ich sagen wollte, die Sache ins Rollen gebracht, und nun muß jeder selbst handeln.« Es gab aber noch einen anderen Grund für ihr Verhalten – es hagelte plötzlich Drohbriefe, und sie machte sich Sorgen um die Sicherheit ihrer Familie. »Die Belastung wurde zu groß. Selbst meine Familie fing an, darunter zu leiden. Nachts klingelte das Telefon, ich wurde beschimpft, und die Bauern beschuldigten mich, ich hätte sie in den Bankrott getrieben. Absurd! Einige der Vorfälle und Auseinandersetzungen haben mich tief verletzt. Ich bin nicht so stark im Nehmen.«

Sie legte aber nicht die Hände in den Schoß. Mit Freunden und Nachbarn rief sie in Connecticut ein Symposium ins Leben, und über 500 Leute kamen. Auch die beiden Besitzer der örtlichen Kaufläden waren dabei. Ihr Beitrag: Sie nahmen künftig auch Bio-Produkte in ihr Sortiment auf. Meryl freute sich. Auf die Frage eines Reporters, ob sie denn glaube, daß diese Lebensmittel tatsächlich gesünder seien, antwortete sie: »Ich habe keine andere Wahl.«

Sie stellte ihren gesamten Ernährungsplan um und kaufte überwiegend Sorten, die geschält werden mußten. »Bei Kohl und Salat trenne ich die Außenblätter ab und wasche den Rest, wie alles andere Obst und Gemüse, drei Minuten lang mit verdünnter Waschmittellauge, und dann spüle ich alles mit klarem Wasser ab. Das wurde als sicher empfohlen. Aber es ist ein furchtbares Generve und macht mich richtig sauer. Ich kaufe auch nur noch Dinge, die im Moment wachsen, damit ich sicher sein kann, daß sie nicht so einen langen Weg hinter sich haben und deshalb vollgesprüht sind mit Pestiziden. Für Importeure gelten nämlich nicht dieselben Regeln wie für unsere einheimischen Bauern. Und so kommen bestimmte Giftarten, die sogar bei uns verboten sind, mit dem fertigen Produkt hier wieder auf den Tisch. Denn wir verkaufen diese Pestizide an andere Länder wie Zentral- und Südamerika, wo die Bauern ihre Sachen damit verseuchen, und dann importieren wir das Zeug wieder. Das unterliegt keiner Prüfung. Einfach haarsträubend. Ich frage mich allen Ernstes, denkt heute keiner mehr nach?

Mir ist es doch völlig egal, ob Äpfel glänzen oder nicht. Im Gegenteil: Unter den gegebenen Umständen ist es mir sogar lieber, wenn ein Apfel Druckstellen hat. Meine Bananen sind auch etwas kleiner geworden und schmecken sogar besser. Wir haben es doch selbst in der Hand, gesünder zu leben. Wenn wir unseren Bauern sagen, daß es einen Markt für biologisch angebaute Produkte gibt, wären die doch schön blöd, sich nicht danach zu richten.«

Wie ernst die Angelegenheit war, wurde ihr bei einem Galadinner im Weißen Haus deutlich. Präsident Bush witzelte beim Dessert: »Es gibt Apfelstrudel, meine Liebe. Die Früchte sind aus Nachbars Garten. Kann sein, daß hie und da ein Wurm drin ist, aber das ist Natur.« Meryl wäre am liebsten aufgestanden oder hätte ihm ihre Meinung gesagt, aber sie ist nicht Susan Traherne, die Wahrheitsfanatikerin aus EINE DEMANZIPIERTE FRAU. Sie schluckte diese Anspielung artig hinunter und fuhr fort, an der guten Sache zu arbeiten. Sollten die Leute sich ruhig lustig machen, irgendwann würden sie aufwachen. Sie ließ sich nicht beirren.

Ihre Bürgerinitiative sammelte Geld, entwarf Richtlinien für verwirrte Käufer, sprach in Schulen vor und suchte das Gespräch mit den Landwirten in Connecticut. Die ortsansässigen Bauern waren sehr kooperativ, sie hatten sich sogar bereit erklärt, auf das Sprayen zu verzichten. Meryl hatte im kleinen erreicht, worauf es ihr ankam.

»Als ich jung war, dachte ich nicht an Politik oder Umwelt. Aber heute trage ich die Verantwortung für meine Kinder, und ich appelliere an die Eltern der Welt, den Mund aufzumachen!« Über ihre Privatinititiativen hinaus unterstützt sie noch, wie ihr Kollege Robert Redford, die kalifornische Öko-Initiative ›Big Green‹. »Wir dürfen nicht nur an heute denken, sondern müssen bis weit ins nächste Jahrtausend planen.

Jede Kopfschmerztablette, die neu auf den Markt kommt, wird vorher getestet, ob sie sicher ist. Aber diese Gifte, die wir mit unserer täglichen Nahrung zu uns nehmen, hat niemand getestet. Und das Traurige ist: Um sie aus dem Verkehr zu ziehen, muß man vorher nachweisen, daß sie krebserregend sind. Deswegen hat es zwölf Jahre gedauert, bis DDT verschwand. Elne Schande! Die EPA [Environmental Protection Agency] ist nahezu machtlos gegenüber den großen Chemiekonzernen. Ihr fehlt das Geld. Die Konzerne haben eine starke Lobby und durchgesetzt, daß die EPA für die Tests zahlen muß. Sie hofften natürlich, daß die finanzielle Belastung das Problem von allein beseitigt. Es kommt aber noch schlimmer: Wenn ein Gift vom Markt verschwinden soll, muß die EPA alle Aktien im vollen Marktwert vom Giftproduzenten zurückkaufen. Das bedeutet: Die Regierung, du und ich, müssen dafür aufkommen. Wir zahlen auch noch dafür, daß man uns langsam und allmählich vergiftet. Ein Aberwitz! Und zu allem Überfluß muß die EPA dafür sorgen, daß die Gifte sicher gelagert werden, was ungemein teuer ist, wahrscheinlich das Teuerste überhaupt in diesem ganzen Prozeß, von der sauberen Beseitigung ganz zu schweigen. Ich meine, wer macht diese Gesetze? Und warum schlafen wir alle und lassen das mit uns geschehen?«

Mit dieser Wut im Bauch zog Meryl Streep nach Washington. Zusammen mit einem Anwalt von NRDC sprach sie dort mit den Abgeordneten. »Viele hatten noch nicht einmal davon gehört.« Das Ergebnis konnte sich sehen lassen: Jetzt müssen die Chemiekonzerne die Gifte angeben, die auf dem Markt sind. Und sie müssen für die Kosten der Tests, der Entsorgung und die Lagerung aufkommen, und die EPA überprüft die Vorgänge. »So soll es sein«, sagte Meryl. »Das Prinzip David gegen Goliath ist immer noch wirksam. Wir dürfen das nur nicht vergessen, nicht den Mut verlieren. Das Schlimmste ist aufzugeben. Wenn wir alle unseren kleinen Beitrag leisten, für eine gemeinsame Sache, dann können wir es schaffen.«

Hollywood und die Frauen

»Wir werden schamlos ausgenutzt!« ereiferte sich Meryl Streep mit glühenden Wangen auf der Generalversammlung der ersten Frauenkonferenz der Schauspieler-Vereinigung in Hollywood im August 1990. »Ich weiß, daß ich dafür, was ich hier sage, zahlen muß, aber das kann mich nicht mehr davon zurückhalten, länger stillzuhalten, die Zustände sind haarsträubend.

Vor drei Jahren spielten Frauen ein Drittel aller Rollen – heute sind wir bei 29 Prozent angelangt. Wenn dieser Trend anhält, werden wir in 20 Jahren überhaupt nicht mehr zu sehen sein. Außerdem: Ab dem zehnten Lebensjahr verdienen männliche Darsteller ständig mehr als weibliche. Und ist eine Schauspielerin erst einmal 40, wird ihr ohnehin schon spärlicher Verdienst noch weniger, während Männer in den 50ern und 60ern erst ihren Höhepunkt erreichen.«

Für den Film JENSEITS VON AFRIKA hatte sie vier Millionen Dollar kassiert – ihr Partner Robert Redford jedoch das Doppelte – acht Millionen Dollar. »Es geht mir nicht um die Höhe der Summe und auch nicht darum, daß ich Robert das nicht gönne. Nein, es geht mir einzig und allein um die Gerechtigkeit. Wieso gelten für Frauen andere Regeln als für Männer? Der Sexismus der Studiobosse stinkt zum

Himmel! Wenn ich elf Millionen Dollar für einen Film verlangen würde, wie Jack Nicholson für BATMAN, würde man mich nicht mal auslachen, sondern für total durchgedreht erklären. Man würde mir einen Drink geben, damit ich mich beruhige, und mir dann eine Statistik unter die Nase halten, auf der schwarz auf weiß steht, daß sich meine Filme nicht so gut verkaufen. Aber wenn ein Mann einen Flop landet, dann tut das seiner Gage keinen Abbruch. Wieso ist Jack mehr wert als ich? Wir haben zusammen IRONWEED und SODBRENNEN gedreht. Und ich war in JENSEITS VON fucking AFRIKA und in KRAMER GEGEN fucking KRAMER, in DEER HUNTER.« Meryls Gesicht hat jetzt die Farbe eines frischgekochten Hummers, und ihre Stimme überschlägt sich. Sie stützt sich auf ihre Ellbogen und fährt fort: »Wahrscheinlich kämpfe ich hier gegen Windmühlenflügel. Denn wir bewegen sowieso nichts, wir sind Marionetten, wir werden bewegt.

Diese Stadt hier, die gesamte Filmindustrie, wird von Männern dominiert, die sich nicht nur gegenseitig die Millionen über den Tisch zuschieben, sondern auch die Jobs. Und wir? Was bleibt uns? Ein, zwei Rollen pro Jahr – und das sind meist billige Darstellungen kranker Männerphantasien – Strichmädchen oder Frauen, die gequält und vergewaltigt werden.« Sie macht eine Pause und nippt an einem Glas Wasser, dann spricht sie weiter: »Ein Marsmensch, der auf die Erde kommt und ins Kino geht, würde meinen, daß alle Frauen hier Nutten sind. Dabei sieht die Wirklichkeit ganz anders aus: 43 Prozent aller Betriebswirtschafts- und 46 Prozent aller Jura-Studenten sind Frauen. Das ist keine Zukunftsmusik, das ist das Hier und Heute. Und trotzdem bekommen wir immer noch nur 40 bis 60 Cents für einen Dollar, den ein Mann verdient.«

Meryl hatte in ein Wespennest gestochen: Die Zahlen machten den Unterschied zwischen Frauen und Männern deutlich und sprachen für sich: Sylvester Stallone bekam für ROCKY, Teil fünf, über 20 Millionen Dollar, Meryl für ihre Rolle in GRÜSSE AUS HOLLYWOOD vier Millionen Dollar. Und Tom Cruise fordert seit TOP GUN nur noch Top-Gagen – ab acht Millionen Dollar aufwärts. Barbra Streisand, Hollywoods höchstdotierte Schauspielerin, verdient gerade mal sechs Millionen Dollar bei einem Film, den sie produziert, in dem sie Regie führt und auch noch die Hauptrolle spielt.

In den letzten Jahr wurden 71 Prozent aller Filmrollen und 64 Prozent aller Fernsehrollen an Männer vergeben, und das Gesamteinkommen der Männer ist mehr als doppelt so hoch wie das der Frauen – im Vergleich: 644 zu 296 Millionen Dollar.

Die Studiobosse ihrerseits waschen ihre Hände in Unschuld: »Die Preise werden vom Markt diktiert«, sagen sie, »jeder bekommt, was er wert ist.« Ein Action-Film mit Stallone oder Schwarzenegger bringt mehr Millionen ein als ein Frauenfilm, der in den Videotheken verschimmelt. »In Singapur kann ich kein intellektuelles Geschwätz verkaufen, da ziehen nur Arnold und Co.« Meryls Kommentar dazu: »Der eine Affe, der Produzent, sagt, es gibt keine Drehbücher mit guten Frauenrollen und hält sich die Augen zu. Der zweite Affe, der Autor, sagt, er kann das nicht schreiben, weil Frauenrollen sich nicht verkaufen und hält sich den Mund zu. Und der dritte Affe, der Studioboß, sagt, wir können uns das nicht leisten, solche Filme zu machen, und hält sich die Ohren zu. Ein Scheißspiel.«

Aber das war noch lange nicht alles, was Meryl auf die Palme trieb. Die Ungerechtigkeit hörte beim Geld nicht auf. Nur 30 Prozent aller Rollen sind für Frauen, und wer die magische 40 überschritten hat, kann noch länger warten, bis er sein Gesicht mal wieder zeigen darf – da sind es knapp neun Prozent. »Keine Frau über 40 wird in Holly-

wood in Liebesszenen gezeigt, das paßt einfach nicht ins Bild von der ewigen Jugend, das sich die Gesellschaft hier zurechtgebastelt hat. Aber wenn Sean Connery als 60jähriger in RUßLAND HAUS die 28 Jahre jüngere Michelle Pfeiffer lieben kann, ist das okay«, flucht sie weiter. Sie erinnerte an eine Begebenheit, die typisch für die Filmszene ist: »Ich hatte ein Vorstellungsgespräch bei Dino DeLaurentiis für den Film KING OF THE GYPSIES. Sein Sohn war damals auch dabei. Plötzlich fingen die beiden an, italienisch zu reden. Der Vater sagte: ›Warum verschwendest du meine Zeit? Sie ist nicht hübsch genug.‹ Leider spreche ich italienisch und verstand. Und ich sagte ihnen das und, daß sie sich ihren Film an den Hut stecken könnten. Es hatte mich nicht gestört, daß mein Aussehen nicht ihren Ansprüchen genügte. Was mir aufgestoßen war, war, daß diese Macho-Feiglinge das auf italienisch gesagt hatten. Das ist Hollywood. Und es ist so krank, daß der Wert einer Frau nur nach ihrem Äußeren gemessen wird. Total krank.« Das hielt Meryl allerdings nie davon ab, sich nach diesen Regeln zu richten, wenn sie etwas erreichen wollte. »Ich hasse es, mich zurechtzumachen, um eine bestimmte Rolle zu bekommen. Aber wenn du das Spiel nicht mitspielst, bist du draußen. Allerdings bietet man mir keine Freundinnen-Rollen mehr an – ich bin mit 41 zu alt dafür, aber gleichzeitg noch zu jung für alte Charakter-Rollen. Die Marktlücke, die ich ausfüllen kann, muß noch erforscht werden. Ich warte.«
Mittlerweile hat sich die Situation etwas verändert. Es wurden Filme wie MISS DAISY UND IHR CHAUFFEUR, GRÜNE TOMATEN und THELMA & LOUISE gedreht, in denen nicht nur Frauen, sondern sogar alte Frauen mitspielten, und nicht nur redeten, sondern auch die Handlung bestimmten. Sogar ein Film über Frauen und Baseball erschien unter dem Titel A LEAGUE OF THEIR OWN. Aber all diese

Produktionen sind nur der berühmte Tropfen auf den heißen Stein. Sie haben lediglich eine Alibifunktion. Im großen und ganzen ist alles beim alten geblieben, wenn nicht sogar noch schlimmer geworden.

»Ich habe das Fernsehen jetzt abgeschafft. Meine Kinder sahen da nur Frauen in Unterwäsche, die irgendwann zum Sex mißbraucht werden. Und das ist natürlich auch der einzige Grund, warum sie überhaupt zu sehen sind. Ich möchte nicht, daß meine Töchter mit dem Gefühl auf-wachsen, daß sexuelle Gewalt die Liebe und Zärtlichkeit ist, auf die sie sich in ihrem Leben einstellen müssen. Und ich möchte, daß sie lernen, daß Frauen ihr ganzes Leben lang schön sein können und wichtig und aufregend – egal wie alt sie sind. Das sind doch Phantasien, mit denen man als kleines Mädchen ins Bett geht. Ich weiß das, denn es waren auch meine.

Man kann im Film immer ganz genau erkennen, wann der Regisseur fand, daß der Grad der Aufmerksamkeit beim Zuschauer sinkt – also müssen ›Titten‹ her, damit das Adre-nalin wieder auf Touren kommt. Die meisten Hollywood-stars verbieten ihren Kindern das Fernsehen – und warum? Weil sie wissen, welche Auswirkungen Film und Fernse-hen auf die Psyche der Kinder und Jugendlichen haben. Und wer behauptet, das stimme nicht, ist nicht ganz klar im Kopf.

Ich habe nichts gegen den nackten Körper an sich. Nackte Menschen, die als liebende, menschliche Wesen dargestellt werden, das ist etwas Wunderbares. Aber nein, das zieht nicht. Was wir brauchen, ist nackte Gewalt und Sex.« Meryl, die die Aktion ›Saubere Leinwand‹ unterstützt, sieht das Problem allerdings sehr differenziert. »Man kann Sex und Gewalt nicht total von der Leinwand verbannen. Alles, was mit menschlichen Erfahrungen zu tun hat, alle Träume und Ängste gehören dahin, auf die Leinwand. Das Kino sollte der Ort sein, wo man das ausleben kann. Aber es muß Sinn machen. Sinnlose Gewalt hat dort ebensowenig zu suchen wie sinnloser Sex.

Ich habe mir mit meinem Sohn den Film TERMINATOR II angeguckt – für mich eine reine Gewalt-Orgie, dauernd wurde irgendwer aufgespießt, zerstückelt, zertrümmert. Ich habe immer laut aufgeschrien und mußte mir die Augen zuhalten, wenn wieder ein Messer im Auge von irgend jemandem rumwühlte. Für Henry waren das nur tolle Effekte. Was sagt mir das? Meine Sinne sind noch intakt, aber seine sind bereits abgestumpft. Das kann doch nicht gut sein für ein Kind.«

Meryl glaubt, daß wir den letzten wilden Todeskampf der Machos erleben. »Es wird nicht mehr lange so weitergehen. Wir Frauen wissen das, aber noch lehnen wir uns zurück und sehen zu, wie sich dieses Macho-Tier aufführt.«

Wenn sich nichts ändert, will sie mit 51 Jahren aufhören zu filmen und Öko-Bäuerin werden. »Oder meine Kinder stecken mich ins Altersheim.«

Lebenslauf

22. Juni 1949

Mary Louise Streep erblickt in Summit, New Jersey, das Licht der Welt. Noch im Krankenhaus erhält das Baby den Kosenamen Meryl.

Eltern

Die Mutter, Mary Louise, ist freiberuflich tätige Werbegrafikerin, der Vater, Harry II., Manager beim Pharmakonzern Merck.

Geschwister

Zwei jüngere Brüder – Harry III., Balletttänzer und Choreograph, und Dana, Börsenmakler.

Herkunft

Ihr Familienstammbaum läßt sich bis ins 15. Jahrhundert zurückverfolgen. Die Streeps waren emigrierte Juden aus Spanien, die sich in Holland niederließen und einen Strich – Streep – unter ihre Vergangenheit zogen. Mütterlicherseits kommt die Familie aus der Schweiz und aus England und gehörte den Quäkern an. Meryl wird protestantisch erzogen.

Ausbildung

- Sie besucht die Bernardsville High School in New Jersey und bekommt dort bereits die Hauptrollen in Schulaufführungen wie THE MUSIC MAN und OKLAHOMA, in denen sie nicht nur sprechen, sondern auch singen und tanzen muß. Meryl nimmt seit ihrem zwölften Lebensjahr Gesangsunterricht bei Estelle Liebling, die so große Stimmen wie Beverly Sills ausbildete.

- Nach dem Schulabschluß 1967 geht sie nach New York auf das Vassar College, eine der Eliteuniversitäten. Die Lehrer sind begeistert von dem außergewöhnlichen Talent des jungen Mädchens und geben ihr eine Hauptrolle nach der anderen. Unter anderem spielt sie in FRÄULEIN JULIE von August Strindberg.

- Im folgenden Frühjahr hat sie unter der Regie von Schauspiellehrer Clint Atkinson in New York ihr Theaterdebut am Off-Broadway Cubiculo Theatre mit dem Stück PLAYBOY OF SEVILLE von Tirso de Molina.

- Im letzten Studienjahr geht sie für ein paar Monate an das Dartmouth College in Hanover, New Hampshire. Dort studiert sie Drehbuchschreiben, Kostüm- und Bühnendesign.

- Nach dem Abschluß 1971 mit dem B.A. (Bachelor Degree of Arts), tingelt sie den Herbst und Winter über mit der Theatergruppe ›Green Mountain Guild‹ mit Stücken von Tschechov und Shaw durch Vermont. Von nun an steht für Meryl fest, daß sie Schauspielerin werden will.

- Sie bewirbt sich an der Yale Drama School in New Haven, Massachusetts, und wird angenommen. Meryl hatte aus DER KAUFMANN VON VENEDIG und A STREETCAR NAMED DESIRE vorgelesen und daraufhin sogar ein Stipendium bewilligt bekommen. In ihren drei Studienjahren tritt sie in über 40 Stücken auf. Nebenbei verdient sie sich ihren Unterhalt als Kellnerin und durch das Abtippen von Texten. Sie spielte unter anderem Mascha in DIE DREI SCHWESTERN von Tschechov, Alma in SUMMER AND SMOKE von Tennessee Williams, Helena in EIN SOMMER-NACHTSTRAUM von Shakespeare, Bertha in DER VATER von Strindberg, Constance in THE IDIOTS KARAMAZOV und die Hauptrolle in ISADORA DUNCAN SLEEPS WITH THE RUSSIAN NAVY.

• 1975 schließt sie ihr Studium mit dem M.A. (Master of Fine Arts Degree) ab.

Karriere

• Nachdem sie einige Rollen in Experimentier-Dramen auf der National Playwrights Conference am Eugene O'Neill Theater Center in Waterford, Connecticut, gespielt hat, zieht sie im Sommer 1975 nach Manhattan, spricht bei dem Produzenten des New York Shakespeare Festivals, Joseph Papp, vor und bekommt sofort ein Engagement. Sie spielt Imogen Parrot in TRELAWNY OF THE WELLS von Arthur Wing Pinero. Das Stück wird am Vivian Beaumont Theater im Lincoln Center aufgeführt. Zum ersten Mal wird sie in der Presse, im Variety, lobend erwähnt.

• Noch während dieses Engagements erhält sie ein neues Angebot für zwei Einakter: Flora in 27 WAGONS FULL OF COTTON von Tennessee Williams und Patricia in A MEMORY OF TWO MONDAYS von Arthur Miller. Die beiden Stücke werden hintereinander im Phönix Theater in New York aufgeführt. Wieder erhält sie hervorragende Kritiken.

Das Wall Street Journal bezeichnet ihre schauspielerische Leistung als eindrucksvoll und der New Yorker als sensationell. Das Publikum merkt nicht einmal, daß die Hauptrollen von ein und derselben Schauspielerin gespielt werden.

- Für beide Rollen erhält Meryl den Theatre World Award, wird für den Tony Award nominiert und als beste Schauspielerin mit dem Outer Critics Circle Award ausgezeichnet.

- Jetzt ist man auch beim Film auf sie aufmerksam geworden. Sie wird nach London geflogen und spielt in Fred Zinnemans JULIA Jane Fondas vornehme Freundin Ann-Marie. Der größte Teil ihrer Rolle landet aus dramaturgischen Gründen allerdings im Papierkorb.

- 1976 wird sie von der Presse für ihre Darstellung in dem Bürgerkriegsmelodram SECRET SERVICE von William Gillette wieder in höchsten Tönen gelobt.

Fernsehangebote
- Sie spielt Sharon in THE DEADLIEST SEASON und Leilah in UNCOMMON WOMEN AND OTHERS.

- Im Sommer 1976 holt Joseph Papp seine Neuentdeckung an das Delacorte Theater im Central Park, in dem in jedem Sommer unterschiedliche Shakespeare-Stücke aufgeführt werden. Sie spielt Prinzessin Katherine in HENRY V. und die Nonne Isabella in MASS FÜR MASS. Den Angelo spielt John Cazale, der ihre große Liebe wird. John und Meryl ziehen zusammen in sein Appartement auf der Upper West Side in New York.

Weitere Rollen

• Als Magd Dunjasha in THE CHERRY ORCHARD im Vivian Beaumont Theatre und Halelujah Lil in HAPPY END, einem Brecht/Weill-Musical an der Brooklyn Academy of Music.

• 1977 kommt das zweite Filmangebot: Sie spielt in dem Post-Vietnam-Drama DIE DURCH DIE HÖLLE GEHEN unter der Regie von Michael Cimino. Für ihre Darstellung als Linda erhält sie später, 1979, den National Critics Award und wird für den Oscar nominiert.

• Ende 1977 fliegt sie nach Österreich zu den Dreharbeiten der Fernsehserie HOLOCAUST. Durch dieses Serie wird sie auch in Deutschland als die arische Ehefrau Inga Helms von dem Juden Karl Weiß (James Woods) bekannt. Für diese Rolle erhält sie den begehrten Emmy Award, den sie aber nicht selbst in Empfang nimmt, denn John ist schwerkrank, und sie weicht nicht von seiner Seite.

• Im März 1978 stirbt John Cazale an Knochenkrebs.

• Meryl trauert auf ihre Art: Sie stürzt sich in die Arbeit und spielt die Rechtsanwältin Karen Traynor in dem Polit-Film DIE VERFÜHRUNG DES JOE TYNAN unter der Regie von Jerry Schatzberg mit Alan Alda.

• Die Sehnsucht bringt sie wieder zurück zum Theater, wo sie für Joseph Papps Shakespeare Theater die Kate in DER WIDERSPENSTIGEN ZÄHMUNG spielt.

• Im September heiratet sie überraschend ihren Vermieter und den langjährigen Freund ihres Bruders Harry, Bildhauer Donald Gummer.

• 1979 spielt sie mit Woody Allen und unter seiner Regie in MANHATTAN seine bisexuelle Ex-Ehefrau Jill.

Der große Durchbruch
• Für die Rolle der Joanna, die Mann und Kind verläßt, um sich selbst zu verwirklichen, in dem Scheidungsdrama KRAMER GEGEN KRAMER von Robert Benton mit Dustin Hoffman, erhält Meryl Streep als beste Nebenrolle 1980 den Oscar, den Golden Globe Award und den L.A. Film Critics Award.

• Zwei weitere Theateraufführungen in dem Musical ALICE IN CONCERT und in dem Stück TAKEN IN MARRIAGE von Thomas Babe folgen. Für ALICE bekommt sie den OBIE (Off Broadway Theatre Award).

• 1979 wird ihr erstes Kind, Henry (Gippy), geboren.

• Zu den Dreharbeiten für ihren nächsten Film DIE GELIEBTE DES FRANZÖSISCHEN LEUTNANTS mit Jeremy Irons, reist sie 1980 mit Ehemann, Baby und Kinderfrau nach England. Regie führt Karel Reisz. Für ihre Doppelrolle als Sarah Woodruff und Anna wird sie wieder für den Oscar nominiert. Sie erhält den Best Actress Award von der British Academy, den L.A. Film Critics Award und den Golden Globe Award von der Hollywood Foreign Press Association.

Weitere Filme
• In dem Krimi IN DER STILLE DER NACHT, unter der Regie von Robert Benton mit Roy Scheider, spielt sie 1982 Brooke Reynolds, eine Angestellte in einem großen Auktionshaus, die verdächtigt wird, ihren Geliebten umgebracht zu haben.

• Im selben Jahr kommt sie mit SOPHIE'S ENTSCHEI-DUNG, von Alan Pakula mit Kevin Kline, in die Kinos. Sie spielt die Polin Sophie, die im KZ eines ihrer Kinder opfert, um das andere zu retten. Dafür erhält sie im Jahr darauf den Oscar als beste weibliche Darstellerin.

• 1983 spielt sie in SILKWOOD unter der Regie von Mike Nichols die Arbeiterin Karen Silkwood, die im Atomkraftwerk mit Plutonium verseucht wird und unter mysteriösen Umständen ums Leben kommt.

• Im gleichen Jahr wird Marie Willa (Mamie) geboren, Meryls erste Tochter.

• Ihr nächster Film, DER LIEBE VERFALLEN, von Ulu Grosbbard mit Robert DeNiro, wird in den USA verrissen. Sie spielt die verheiratete Arztfrau Molly Gilmore, die ein Verhältnis mit einem ebenfalls verheirateten Mann beginnt. Der Film wird in Italien mit dem italienischen Oscar, dem David Di Donatello Award, ausgezeichnet.

• Mit EINE DEMANZIPIERTE FRAU von Fred Schepisi, der 1985 in die Kinos kommt, kann sie auch keine Lorbeeren ernten. Die ehemalige Widerstandskämpferin Susan Traherne, die im Zweiten Weltkrieg in Frankreich den englischen Truppen hilft, versucht später in Friedenszeiten erfolglos, sich mit dem normalen Leben zu arrangieren.

• 1981, 1983 und 1985 erhält sie die Ehrendoktorwürden der Universitäten Dartmouth, Yale und Lafayette.

• 1984 bekommt sie den Helen Caldicott Leadership Award von der ›Women's Action for Nuclear Disarmament‹ (WAND). Meryl hatte im Central Park, Manhattan, einen

Abrüstungsmarsch organisiert und bei einem anschließenden Benefizkonzert ›Artists for Nuklear Disarmament‹ Geld zusammengetrommelt, das helfen sollte, Mittel zur Aufklärung über die Schrecken der Atomindustrie lockerzumachen. Außerdem hatte sie die Premiere des Dokumentarfilms ›Eight Minutes to Midnight‹, ein einstündiges Porträt über Dr. Helen Caldicott, Präsidentin der ›Physicians for Social Responsibility‹, im Fernsehen ermöglicht.

• 1985 spielt sie in JENSEITS VON AFRIKA unter der Regie von Sydney Pollack die dänische Baronin Karen Blixen, die ihrem Mann nach Kenia folgt, um dort auf einer Kaffeeplantage zu leben. Die Geschichte ist teilweise biographisch und von Karen Blixen unter dem Pseudonym Isak Dinesen aufgeschrieben und veröffentlicht worden. Ihre Partner: Robert Redford und Klaus Maria Brandauer.

• 1986 spielt sie in SODBRENNEN von Mike Nichols die jüdische Kochbuchautorin Rachel Samstat. Der Film wurde nach Nora Ephrons Bestseller gedreht, der Ex-Frau des Watergate-Journalisten Carl Bernstein. Darin schildert sie in Romanform ihre Ehe und die Trennung von ihrem Mann.

• Im gleichen Jahr wird ihr drittes Kind, Grace (Gracie), geboren.

• 1987 ist sie in WOLFSMILCH von Hector Babenco mit Jack Nicholson als Pennerin zu sehen, die während der großen Depression der 30er Jahre elendig verkommt und stirbt.

• Anschließend dreht sie GRÜSSE AUS HOLLYWOOD, wieder mit Mike Nichols. Ihre Partnerin und Filmmutter ist

Shirley MacLaine. Als Suzanne, Tochter aus einer gescheiterten Hollywood-Ehe, versucht sie, nach Drogen- und Alkohol-Exzessen ihr Comeback beim Film. Dabei löst sie endlich das quälende Mutter-Tochter-Problem, unter dem sie ihr Leben lang gelitten hat.

- 1987 gewinnt sie auch die Wahl zur schlechtest angezogenen Frau Amerikas.

- 1988 folgt EIN SCHREI IN DER DUNKELHEIT von Fred Schepisi. Der Film wird nach einer wahren Begebenheit in Australien gedreht und erzählt von Lindy Chamberlain, die des Mordes an ihrem Baby angeklagt wurde und dafür im Gefängnis landete. Oscar-Nominierung und Best Actress Award in Cannes (1989).

- 1989 DIE TEUFELIN von Susan Seidelman. Die ›Herz-Schmerz-Autorin‹ Mary Fisher hat der dicken Ruth (Roseanne Arnold) ihren Ehemann, einen bläßlichen Buchhalter, ausgespannt, und nun passieren teuflische Sachen. Ein Film zum Wegsehen, wie der nächste.

- RENDEZVOUS IM JENSEITS mit Albert Brooks, der auch Regie führte. Bevor man 1990 weiß, daß es diesen Film gibt, der vom Leben nach dem Tod handelt, verschwindet er wieder von der Leinwand.

- 1991 kommt ihr viertes Kind, Louisa Jacobson, zur Welt.

- Kurz nach der Geburt dreht sie DER TOD STEHT IHR GUT, eine schwarze Komödie von Robert Zemeckis mit Goldie Hawn und Bruce Willis, in der sich alles um die ewige Jugend und Schönheit dreht.

- 1993 spielt sie in der deutschen Produktion von Bernd Eichinger in DAS GEISTERHAUS, unter der Regie von Bille August mit Glenn Close, Winona Ryder, Jeremy Irons, Armin Müller-Stahl, Vanessa Redgrave. Die chilenische Familiensaga wurde nach dem gleichnamigen Roman von Isabel Allende gedreht.

- 1993 bekommt sie den mit 3.900 Dollar dotierten Rungstedlund Preis (nach dem Haus von Karen Blixen benannt) für ihre Darstellung in JENSEITS VON AFRIKA.

- Sommer 1994, in AM WILDEN FLUSS von Curtis Hanson spielt sie die Mutter und Hausfrau Gail Hartman, die mit Mann und Kind bei einer Wildwasserfahrt von Fremden als Geisel genommen wird.

- Herbst 1994, in THE BRIDGES OF MADISON COUNTY spielt Meryl eine 45jährige Italienerin, die im Zweiten Weltkrieg als Kriegsbraut nach Iowa kam und dort seitdem als zufriedene Farmersfrau lebt, bis ein weitgereister Fotograf auftaucht (Clint Eastwood).

- Frühjahr 1995, in BEFORE AND AFTER spielt Meryl eine Ärztin, die mit ihrem Mann (Liam Neeson), einem Bildhauer, darum kämpft, daß die Familie nicht auseinanderbricht, nachdem der Sohn wegen Mordes angeklagt wurde.

Filmographie

Julia
20TH CENTURY FOX, 1977
Originaltitel: Julia
Regisseur: Fred Zinnemann
Drehbuch: Alvin Sargent, nach dem Buch PENTIMENTO von Lillian Hellman
Kameramann: Douglas Solocombe
Musik: Georges Delerue
Darsteller: Jane Fonda (Lillian Hellman), Vanessa Redgrave (Julia), Jason Robards (Dashiell Hamett), Maximilian Schell (Johann), Meryl Streep (Anne Marie) u.a.

The Deadliest Season
CBS, TITUS PRODUCTIONS, 1977
Regisseur: Robert Markowitz
Drehbuch: Ernest Kinoy und Tom King, nach der Geschichte von Ernest Kinoy
Kameramann: Alan Metzger
Musik: Dick Hyman
Darsteller: Michael Moriarty (Gerry Miller), Meryl Streep (Sharon Miller) u.a.

Die durch die Hölle gehen
UNIVERSAL, 1978

196

Originaltitel: The Dear Hunter
Regisseur: Michael Cimino
Drehbuch: Deric Washburn, Michael Cimino, Louis Garfinkle,
Quinn K. Redeker, nach der Geschichte von Deric Washburn
Kameramann: Vilmos Zsigmond
Musik: Stanley Myers
Darsteller: Robert DeNiro (Michael), John Cazale (Stan), John
Savage (Steven), Christopher Walken (Nick), Meryl Streep
(Linda), Joe Grifasi (Bandleader) u.a.

Holocaust
NBC, TITUS PRODUCTIONS, 1978
Originaltitel: Holocaust
Regisseur: Marvin J. Chomsky
Drehbuch: Gerald Green
Kameramann: Brian West
Musik: Morton Gould
Darsteller: Michael Moriarty (Erik Dorf), Meryl Streep (Inga
Helms-Weiß), James Woods (Karl Weiß) u.a.

Die Verführung des Joe Tynan
UNIVERSAL, 1979
Originaltitel: The Seduction Of Joe Tynan
Regisseur: Jerry Schatzberg
Drehbuch: Alan Alda
Kameramann: Adam Holender
Musik: Bill Conti
Darsteller: Alan Alda (Joe Tynan), Meryl Streep (Karen Tray-
nor) u.a.

Manhattan
UNITED ARTISTS, 1979
Originaltitel: Manhattan
Regisseur: Woody Allen
Drehbuch: Woody Allen, Marshall Brickman
Kameramann: Gordon Willis

Musik: George Gershwin
Darsteller: Woody Allen (Isaac Davis), Diane Keaton (Mary Wilke), Michael Murphy (Yale), Mariel Hemingway (Tracy), Meryl Streep (Jill Davis) u.a.

Kramer gegen Kramer
COLUMBIA PICTURES, 1979
Originaltitel: Kramer Vs. Kramer
Regisseur: Robert Benton
Drehbuch: Robert Benton, nach dem Roman von Avery Corman
Kameramann: Nestor Almendros, A.S.C.
Musik: Henry Purcell
Darsteller: Dustin Hoffman (Ted Kramer), Meryl Streep (Joanna Kramer) u.a.

Die Geliebte des französischen Leutnants
UNITED ARTISTS, 1981
Originaltitel: The French Lieutenant's Woman
Regisseur: Karel Reisz
Drehbuch: Harold Pinter, nach dem Roman von John Fowles
Kameramann: Freddie Francis
Musik: Karl Davis
Darsteller: Meryl Streep (Sarah/Anna), Jeremy Irons (Charles/Mike) u.a.

In der Stille der Nacht
MGM-UA, 1982
Originaltitel: Still Of The Night
Regisseur: Robert Benton
Drehbuch: Robert Benton, nach einer Geschlchte von David Newman und Robert Benton
Kameramann: Nestor Almendros, A.S.C
Musik: John Kander
Darsteller: Roy Scheider (Sam Rice), Meryl Streep (Brooke Reynolds), Jessica Tandy (Grace Rice) u.a.

Sophie's Entscheidung
UNIVERSAL, 1982
Originaltitel: Sophie's Choice
Regisseur: Alan J. Pakula
Drehbuch: Alan J. Pakula, nach dem Roman von William Styron
Kameramann: Nestor Almendros, A.S.C.
Musik: Marvin Hamlish
Darsteller: Meryl Streep (Sophie), Kevin Kline (Nathan), Peter MacNicol (Stingo), Katharina Thalbach (Wanda) u.a.

Silkwood
20TH CENTURY FOX, 1983
Originaltitel: Silkwood
Regisseur: Mike Nichols
Drehbuch: Nora Ephron, Alice Arlen
Kameramann: Miroslav Onricek
Musik: Georges Delerue
Darsteller: Meryl Streep (Karen Silkwood), Kurt Russel (Drew Stephens), Cher (Dolly Pelliker) u.a.

Der Liebe verfallen
PARAMOUNT PICTURES, 1984
Originaltitel: Falling In Love
Regisseur: Ulu Grosbard
Drehbuch: Michael Cristofer
Kameramann: Peter Suschitzky
Musik: Dave Grusin
Darsteller: Meryl Streep (Molly Gilmore), Robert DeNiro (Frank Raftis), Harvey Keitel (Ed Lasky), Dianne Wiest (Isabelle) u.a.

Eine demanzipierte Frau
20TH CENTURY FOX, 1985
Originaltitel: Plenty
Regisseur: Fred Schepisi

Drehbuch: David Hare, nach seinem Theaterstück
Kameramann: Ian Baker
Musik: Bruce Smeaton
Darsteller: Meryl Streep (Susan), Sam Neill (Lazar), Sir John Gielgud (Sir Leonard Darwin), Tracey Ullman (Alice), Sting (Mick) u.a.

Jenseits von Afrika
UNIVERSAL, 1985
Originaltitel: Out Of Africa
Regisseur: Sydney Pollack
Drehbuch: Kurt Lüdtke, nach dem Roman von Isak Dinesen
Kameramann: David Watkin
Musik: John Barry
Darsteller: Meryl Streep (Karen), Robert Redford (Denys), Klaus Maria Brandauer (Bror) u.a.

Sodbrennen
PARAMOUNT, 1986
Originaltitel: Heartburn
Regisseur: Mike Nichols
Drehbuch: Nora Ephron, nach ihrem Roman
Kameramann: Nestor Almendros
Musik: Carly Simon
Darsteller: Meryl Streep (Rachel Samstat), Jack Nicholson (Mark), Milos Forman (Dmitri), Karen Akers (Thelma) u.a.

Wolfsmilch
TRI-STAR-PICTURES, 1987
Originaltitel: Ironweed
Regisseur: Hector Babenco
Drehbuch: nach dem mit dem Pulitzer-Preis ausgezeichneten Roman von William Kennedy
Kameramann: Laurel Escorel
Musik: John Morris
Darsteller: Meryl Streep (Helen), Jack Nicholson (Francis Phelan) u.a.

Grüße aus Hollywood
COLUMBIA, 1987
Originaltitel: Postcards From The Edge
Regisseur: Mike Nichols
Drehbuch: Carrie Fisher
Kameramann: Michael Ballhaus
Musik: Carly Simon
Darsteller: Meryl Streep (Suzanne Vale), Shirley MacLaine (Mutter), Gene Hackman (Regisseur) u.a.

Ein Schrei in der Dunkelheit
WARNER BROTHERS, 1988
Originaltitel: A Cry In The Dark
Regisseur: Fred Schepisi
Drehbuch: Robert Caswell, Fred Schepisi nach John Brysons Buch EVIL ANGELS
Kameramann: Ian Baker
Musik: Bruce Smeaton
Darsteller: Meryl Streep (Lindy Chamberlain), Sam Neill (Michael Chamberlain), u.a.

Die Teufelin
ORION, 1989
Originaltitel: She-devil
Regisseur: Susan Seidelman
Drehbuch: Barry Strigatz, Mark R. Burns
Kameramann: Oliver Stapleton
Musik: Howard Shore
Darsteller: Meryl Streep (Mary Fisher), Roseanne Arnold (Ruth), Ed Begley Jr. (Bob) u.a.

Rendezvous im Jenseits
GEFFEN PICTURES, 1990
Originaltitel: Defending Your Life
Regisseur: Albert Brooks
Drehbuch: Albert Brooks

Kameramann: Allen Daviau
Musik: Michael Gore
Darsteller: Meryl Streep (Julia), Albert Brooks (Daniel Miller)
u.a.

Der Tod steht ihr gut
UNIVERSAL, 1991
Originaltitel: Death Becomes Her
Regisseur: Robert Zemeckis
Drehbuch: Martin Donovan, David Koepp
Kameramann: Dean Cundey, A.S.C.
Musik: Alan Silvestri
Darsteller: Meryl Streep (Madeline Ashton), Goldie Hawn
(Helen), Bruce Willis (Dr. Ernest Menville) u.a.

Das Geisterhaus
NEUE CONSTANTIN, 1993
Originaltitel: The House Of Spirits
Regisseur: Bille August
Drehbuch: Isabel Allende nach ihrem gleichnamigen Roman
Kameramann: Jorgen Persson
Musik: Hans Zimmer
Darsteller: Meryl Streep (Clara), Glenn Close (Ferula), Winona
Ryder (Blanca), Vanessa Redgrave (Nivea), Jeremy Irons
(Esteban Trueba), Armin Müller-Stahl (Severo) u.a.

Am wilden Fluß
UNIVERSAL, 1994
Originaltitel: The River Wild
Regisseur: Curtis Hanson
Drehbuch: Denis O'Neill
Kameramann: Robert Elswit
Musik: Jerry Goldsmith
Darsteller: Meryl Streep (Gail Hartman), David Strathairn
(Tom Hartman), Kevin Bacon (Wade), Joe Mazello (Roarke)
u.a.

The Bridges Of Madison County
nach dem Roman von Robert James Waller
Regisseur: Clint Eastwood
Darsteller: Meryl Streep, Clint Eastwood, u.a.

Before And After
nach dem Buch von Rosellen Brown
Darsteller: Meryl Streep, Liam Neeson u.a.

Bibliographie

THE BEAT – 2. Mai 1991: Meryl Streep

CALIFORNIA – September 1991: Queen for a Decade

COSMOPOLITAN – Mai 1991: Getting the Skinny on Streep

THE DIAL – Juli 1984: Meryl Streep

ENTERTAINMENT WEEKLY – 11. Februar 1994: Women Who Run With The Wolves

ESQUIRE – Dezember 1984: Streep

GLAMOUR – 7. Juli 1990: Why Meryl Streep earns so much less than Sylvester Stallone

HOLLYWOOD REPORTER – 2. August 1990: Streep: Sumer b.o. woes may bring women more roles

HOME VIEWER – November 1986: Meryl Streep, acting funny

INTERVIEW – Dezember 1988: Streeping Beauty

LADIES' HOME JOURNAL – April 1984: Why I've taken a year off for Motherhood · Mai 1985: Meryl Streep · August 1986: Thoroughly modern, Meryl · Januar 1988: Meryl Streep goes for broke · Oktober 1988: Why Meryl takes chances

L.A. HERALD EXAMINER – 17. August 1986: I want it all – but in manageable proportions

LIFE – Dezember 1987: Enchanting, colorless, glacial, fearless, sneaky, seductive, manipulative, magical Meryl

LOS ANGELES TIMES – 20. September 1981: Streep: A Reluctant Passenger on the Hoopla Express · 18. Dezember 1983: Meryl Streep as Silkwood and herself · 6. November 1988: Just an Ordinary Connecticut Housewife · 17. März 1989: Apples Safe, U.S. Says; to Return to L.A. School Menus · 6. April 1989: An Odd Spot for Story on Meryl Streep · 10. Dezember 1989: Meryl Streep's Latest Accent is a Laugh · 3. August 1990: Meryl Streep Attacks Hollywood's Gender Gap at SAG Conference · 4. Oktober 1992: The ›Great-Ephemeral-Quality‹ A-List Is Quite Long in Hollywood, It Appears · 17. Juni 1993: Streep Gets ›Wild‹ in the West · 7. November 1993: Does White Water Become Her?

LOS ANGELES TIMES MAGAZIN – 29. Mai 1988: Standouts for the 80s · 9. September 1990: Meryl acts up

MADEMOISELLE – Januar 1984: A True Story

MARQUEE – Dezember/Januar 83/84: Meryl Streep & Cher get together in Silkwood

McCall's – März 1983: Meryl Streep: Surprising Superstar

MOVIELINE – 18. Oktober 1985: Beloved Neurotic · 25. Juli 1986: Meryl Streep: Still Enigmatic After All These Years

THE MOVIE MAGAZINE – Winter 1983: Meryl Streeps Talks about Acting and Other Things

Ms. – Dezember 1988: Meryl Streep: Hiding in the Spotlight

NEWSWEEK – 26. September 1994: Streep Shoots the Rapids

NEW WOMAN – April 1989: Meryl Streep Goes To Washington

ORGANIC GARDENING – November 1988: A Mothers Crusade

PEOPLE – 20. Januar 1986: Streep and Redford battle Lions, Snakes, Storms and Controversy to bring ›Out of Africa‹ to the Screen · 18. Januar 1988: The Making of Ironweed · 24. August 1992: Who's so Vain?

PREMIERE – Dezember 1989: The Feminine · September 1992: Hope I die before I get old

PRESS TELEGRAMM – 14. September 1990: Streep Swings from Hysteria to Hysterical · 16. September 1990: Reflections from an Oscar Winner

READER – 16. März 1984: Hutton vs. Streep: Who Is Mightier?

READERS DIGEST – März 1988: Magnetic, magnificent Meryl

REVIEW – Februar 1985: Streep: The only role Hollywood's most versatile Actress refuses to play is that of a star

SANTA BARBARA NEWS PRESS – 9. Oktober 1990: Meryl bashing males?

THE SATURDAY EVENING POST – Juli/August 1989: Meryl Streep Comes Calling

THE SUNDAY STAR – 23. Oktober 1988: Is Meryl Streep ever going to lighten up?

THE SUNDAY TIMES (London) – 20. Januar 1991: Keeping it in the Family · 29. November 1992: Funny Side of the Streep

TIME – 7. September 1981: What Makes Meryl Magic · 6. November 1987: Meryl Sheep – A Star is Shorn

UNIVERSAL NEWS – 1990: Death Becomes Her

US – 25. August 1986: Meryl & Me · August 1993: The Latest Action Hero

USA today – 2. Januar 1991: Mother Tongue · 25. November 1992: Streep Talking · 11. Januar 1994: Young Streep is the real thing TIME OUT (London)

VOGUE – Juni 1980: More of a Woman · April 1992: Winning Streep

THE WASHINGTON POST – 25. Juli 1986: Meryl Streep & the Human Resonance

WORKING WOMAN – Februar 1986: The Heroic Puzzle of Meryl Streep

Band 61316

Willy Loderhose
Whoopi Goldberg
Eine himmlische
Karriere

Ihre Karriere als Filmschauspielerin begann mit einer Hauptrolle in dem Film *Die Farbe Lila*, für die sie gleich eine Oscarnominierung erhielt. Aber erst für ihre Darstellung der Wahrsagerin Oda Mae Brown in *Ghost – Nachricht von Sam* bekam sie den begehrten Preis. In Deutschland wurde sie spätestens durch den überraschenden Erfolg des Films *Sister Act* berühmt.

Doch Whoopi Goldberg ist viel mehr als »nur« eine Schauspielerin: In Amerika hat sie sich nicht nur mit ihren Filmen einen Namen gemacht, sondern auch als erfolgreiche Talkshow-Moderatorin und engagierte Kämpferin gegen Rassismus, Umweltsünden und Obdachlosigkeit.

Mit zahlreichen Abbildungen